U0791534

高等院校学前教育专业系列教材

幼儿美术基础

（第2版）

孟红霞　王　焕　主　编
丁凤红　王文萍　副主编

清华大学出版社
北　京

内 容 简 介

本书根据幼儿美术教育发展的特点，结合师资能力培养要求，具体介绍美术常识、黑白画、色彩画、创意画、手工、幼儿园墙饰设计与区域活动环境创设等幼儿美术基础知识，并通过实训课堂激发学习兴趣，强化“画中学”训练，提高应用技能与实践能力。

本书具有知识性、趣味性、启发性、操作性，注重遵循幼儿美术教学规律，既可作为高等院校和各类职业院校学前教育专业幼儿美术课程的教材，也可用于幼儿园美术教师的在职岗位培训，还可为广大培训机构和家长辅导幼儿美术学习提供指导。

本书封面贴有清华大学出版社防伪标签，无标签者不得销售。
版权所有，侵权必究。举报：010-62782989，beiqinquan@tup.tsinghua.edu.cn。

图书在版编目（CIP）数据

幼儿美术基础/孟红霞，王焕主编. —2 版. —北京：清华大学出版社，2021.9（2025.1重印）
高等院校学前教育专业系列教材
ISBN 978-7-302-56859-9

Ⅰ. ①幼… Ⅱ. ①孟… ②王… Ⅲ. ①学前教育－美术课－高等学校－教材 Ⅳ. ①G613.6

中国版本图书馆 CIP 数据核字（2020）第 226263 号

责任编辑： 王剑乔
封面设计： 常雪影
责任校对： 李 梅
责任印制： 宋 林

出版发行： 清华大学出版社
网 址： https://www.tup.com.cn, https://www.wqxuetang.com
地 址： 北京清华大学学研大厦 A 座 **邮 编：** 100084
社 总 机： 010-83470000 **邮 购：** 010-62786544
投稿与读者服务： 010-62776969，c-service@tup.tsinghua.edu.cn
质量反馈： 010-62772015，zhiliang@tup.tsinghua.edu.cn
课件下载： https://www.tup.com.cn，010-83470410
印 装 者： 三河市君旺印务有限公司
经 销： 全国新华书店
开 本： 185mm×260mm **印 张：** 12 **字 数：** 259 千字
版 次： 2015 年 5 月第 1 版 2021 年 9 月第 2 版 **印 次：** 2025 年 1 月第 4 次印刷
定 价： 59.00 元

产品编号：087480-01

高等院校学前教育专业系列教材

编审委员会

主　任　牟惟仲

副主任　林　征　张　征　胡国良　魏国福　张　利　张建国
　　　　田小梅　黄中军　孟红霞

编　委　白国芬　马继兴　王　洋　姚　欣　李　哲　王　焕
　　　　王文萍　胡　隽　王乃换　罗　莲　林　群　何明龙
　　　　王瑞春　丁凤红　王　晶　商艳玲　刘丽嘉　李　叶
　　　　邹　蓉　崔文杰　谭　晓

秘　书　李大军

序言

学前教育是终身学习的开端，是国民教育体系的重要组成部分。办好学前教育关系到亿万儿童的健康成长，关系到千家万户的切身利益，关系到社会和谐，也关系到国家和民族的未来，因此得到国家的高度重视。学前教育专业涉及幼儿生理、心理、智力、语言、行为、美术、音乐等各个方面，是综合性非常强的跨专业学科。随着国家全民素质教育工程的启动实施，随着我国幼教事业的迅猛发展，社会各方面对幼儿学前教育教师的要求越来越高。

为了加强对学前教育工作和学前教师的管理，我国自1990—2012年，相继制定实施了《幼儿园管理条例》《幼儿园教育指导纲要》《幼儿园教师专业标准》《幼儿园工作规程》等规定，教育部制定了《3—6岁儿童学习与发展指南》，用于规范学前教育行为，强化学前教师培养，提高学前教育质量。

2018年，国务院发布了《国务院关于学前教育深化改革规范发展的若干意见》（以下简称《意见》），《意见》中就公众关心的“入园难、入园贵”问题，明确了2035年中长期目标。提出“到2035年，全面普及学前三年教育”的目标。这意味着未来10～15年将是我国幼儿园数量增长的加速期。

幼儿园的极速增加将再次扩大学前教育人才缺口，为加强学前教育师资队伍建设，《意见》同时提出，“完善教师培养体系，办好一批幼儿师范专科学校和若干所幼儿师范学院，支持师范院校设立并办好学前教育专业。”这对各类本科、高职高专院校的学前教育专业来说是一个加速发展的新契机，但同时《意见》也对学前教育专业的教育教学质量提出了更高、更新的要求。

为此，我们组织首都师范大学、北京教育学院、唐山师范学院、北京朝阳社区学院、郑州幼儿师范高等专科学校、北京石景山社区学院、哈尔滨师范大学、北京联合大学、河北科技大学、北京宣武社区学院、北京东城职业学院、北京城市学院、北京西城经济科学大学等10多所高等院校，多年从事学前教育教学的专家教授和幼儿园专职教师共同精心编写了本系列教材，旨在严格规范幼儿学前教育与教学，更好地服务于我国学前教育事业。

本系列教材根据《中华人民共和国教育法》规定的国家教育方针，全面贯彻党的学前教育要求，以高等院校大学本科、高职高专等各类职业教育院校学历教育为主，兼顾幼儿园、社会幼儿教育机构在职岗位培训，并为参加学前教育专业资格取证考试人员提供参考辅导。本系列教材包括《幼儿学前教育》《幼儿心理与行为》《舞蹈》《幼儿舞蹈欣赏与创编》《幼儿英语》《幼儿歌曲编配与弹唱》《幼儿美术基础》《幼儿手工制作》《幼儿美术线描》《幼儿音乐剧》等。

本系列教材作为“幼儿学前教育”专业特色教材，融入了学前教育较新的实践教学理念，坚持科学发展观，力求严谨，注重与时俱进；在吸收国内外幼儿教育权威专家学者最新科研成果的基础上，依照幼儿学前教育所涉及的领域和施教规律，全面贯彻国家新近颁布实施的《意见》等幼儿教育法规及管理规定；按照幼儿园学前教育及社会幼儿培训机构用人的需求模式，加强学前教育师资培训，注重结合幼儿教学遇到的各种问题，强化德、智、体、美、劳等全面教育发展，突出培养创新精神和实践应用能力，并注重教学内容和教材结构创新。

本系列教材的出版，对幼儿学前教育开展优质优教、创建和谐社会，对帮助学前教育专业学生加强素质培养、提高教学能力、毕业后顺利就业具有特殊意义。

牟惟仲

2021 年 2 月

前 言

随着国家全民素质教育工程的启动实施以及素质教育的不断深化,美术和艺术教育这种综合性很强的教育形式已经成为素质教育中不可或缺的内容和手段,因此越来越受到我国教育主管部门和幼儿园负责人的高度重视。美术属于高雅艺术,也覆盖全民大众;美术教学既可以促进学生全面的思维发展,激发学生对美的爱好与追求,塑造学生健全的人格与健康的个性,也可以提高学生对美的正确认识,学会鉴赏美、创造美,培养高尚的思想道德情操。

幼儿美术基础既是高等教育本科和高等职业教育院校学前教育专业中非常重要的专业课程,也是幼儿园和社会各类幼儿美术培训从业者所必须掌握的关键技能。随着我国幼教事业的迅猛发展,社会各方面对幼儿美术教师的要求也越来越高。为此我们组织多年从事学前教育幼儿美术教育教学的专家教授和幼儿园专职美术教师共同精心编撰了本书。本书的出版对规范幼儿美术教育教学、更好地服务于我国学前教育具有重要的意义。

本书第1版自2015年出版以来,因写作质量高、突出应用能力培养,而深受全国各高等院校广大师生的欢迎,目前已经多次重印。此次再版,作者审慎地对原教材进行了反复论证、精心设计,包括结构调整、更新补充新知识、增加实践技能训练等相应修改,以使其更贴近现实生活,更符合社会发展,更好地为国家学前教育教学实践服务。

本书作为学前教育专业的特色教材,坚持科学发展观,严格按照教育部关于“加强职业教育、突出应用能力培养”的教育教学改革要求,结合学前教育幼儿美术教学的特殊性,既注重基础知识、教学方法的讲授,又结合幼儿的认知特点,加强“在玩中画、在画中学、在寓教于乐中认知”的欢乐教育教学活动训练,还关注身心健康、动作协调、美术艺术等人文素养的提高,同时注重教材结构、内容编排的创新。

全书共分七章,以学习者应用能力培养为主线,根据《国务院当前发展学前教育的若干意见》要求和教育部《3—6岁儿童学习与发展指南》精神,结合师资能力培养目标,按照幼儿美术教育施教规律,具体介绍美术常识、黑白画、色彩画、创意画、手工、幼儿园墙饰设计与区域活动环境创设等幼儿美术基础知识,并通过实训课堂激发兴趣,强化画中学训练,提高应用技能与能力。

由于本书融入了学前教育幼儿美术课程最新的实践教学理念,力求严谨,注重与时俱进,具有知识性、趣味性、启发性、操作性,注重遵循幼儿美术教学规律。因此,本书既可作为高等院校和各类职业院校学前教育专业幼儿美术教学的教材，也可用于幼儿园美术教师的在职岗位培训，还可为广大培训机构和家长辅导幼儿美术学习提供指导。

本书由李大军统筹策划并具体组织实施，孟红霞和王焕任主编，孟红霞统改稿，丁凤红、王文萍任副主编，由幼儿美术教育专家温丽华教授审订。写作分工如下：牟惟仲撰写序言，王文萍撰写第一章，孟红霞撰写第二章、第五章、第七章，商艳玲撰写第三章，丁凤红撰写第四章，王焕撰写第六章，胡国良撰写附录，李晓新负责文字修改和制作课件。

为了配合教学需要，本书配有电子课件，读者可以从清华大学出版社网站（www.tup.com.cn）免费下载使用。由于作者水平有限，书中难免存在不足，恳请专家和读者批评指正。

编　者

2021 年 4 月

目录

第一章 认识美术

学习导语

美术是一种艺术形式，艺术包括美术、音乐等。美术又是艺术的一个重要门类，它与人类关系密切。无论是远古还是现代社会，美术都以其独特的魅力渗透于我们的生活之中。通过本章学习，可以了解美术的基本概念、包含的内容、绘画的主要种类和美术的起源，为学生今后从事幼儿园美术教学奠定必要的美术常识，提高学生的审美能力，开阔眼界。

教学目标

(1) 了解美术的基础知识。
(2) 了解美术的分类、绘画的种类。
(3) 对名家、名作有一定了解，懂得如何欣赏。

第一节 美术概述

一、美术的概念

美术，又称为造型艺术、视觉艺术、空间艺术。它是以物质材料为媒介(如颜色、纸张、画布、泥土、石头、木料、金属等)，运用线条、色彩和形体等艺术语言，通过造型、色彩和构图等艺术手段，在二维空间（即平面）中塑造平面或立体的静态视觉形象，以反映自然和社会生活，表达艺术家的思想观念和感情的一种艺术活动。它主要包括绘画、雕塑、工艺、摄影、书法、建筑等类型。

美术按照目的可分为两大类，即纯美术和工艺美术。“美术”一词最早源于古罗马的拉丁文 art，始见于欧洲 17 世纪，也有人认为正式出现于 18 世纪中叶。其原义是指相对于“自然造化”的“人工技艺”，泛指各种用手工制作的艺术品以及音乐、文学、戏剧等。当时广义的美术甚至还包括制衣、栽培、拳术、医术等方面的技艺。近代日本以汉字意译，五四运动前后传入中国，开始普遍应用。

今天，英语中的 art 一词仍然既作“艺术”又作“美术”解，它既可以用来指音乐、舞蹈、文学、戏剧、电影等其他各种艺术门类，有时又专门用来指称包括绘画、雕塑、工艺、建筑在内的视觉艺术。如今美术又和现代科学结合，派生出许多新的艺术门类，如计算机艺术设计、广告设计、三维动画等。

二、美术的主要特征

美术是人类创造的一种精神产品，它有别于听觉艺术的音乐、语言艺术的文学，是具有造型性、可视性、静态性、物质性的一种空间艺术。正因为有以上基本特征，美术作品首先应该是可以被人感知的，它能引起人们视知觉观察的空间形式；其次，它通过其物质媒介向人们展现一个静止状态的相对理想的客观世界，进而触发人们二次创造特定的情感情绪。

第二节　美术的分类及其艺术特质

美术指占据一定平面或空间、具有可视形象以供欣赏的艺术。在艺术分类中又称为造型艺术、视觉艺术、空间艺术。它主要包括绘画、雕塑、建筑艺术、工艺美术、书法艺术等类型。每个门类又可以根据表现的题材和使用的题材不同再分成若干小类。

一、绘画

绘画是指运用线条、色彩和形体等艺术语言，通过造型、设色和构图等艺术手段，在二维空间（即平面）里塑造出静态的视觉形象，以表达作者审美感受的艺术形式。

由于绘画使用的物质材料与工具不同，又可分为中国画、油画、水彩画、水粉画、素描、速写、版画、连环画、漫画和漆画等种类。

（一）中国画

中国传统绘画艺术形式源于上古时期的岩画、彩陶画、帛画以及秦汉时期的壁画。到了魏晋南北朝时期，中国画艺术开始形成了较为完善的艺术形式，并正式登上历史的舞台。在其漫长的发展过程中，形成了自己独特的艺术表现样式。

中国传统的绘画形式是用毛笔蘸水、墨、颜色在绢或宣纸上作画，这种画被称为“中国画”，简称“国画”。中国画按照题材可以分为人物、山水、花鸟、屋木、畜兽等很多类，其中人物画（图 1-1）、山水画（图 1-2）、花鸟画（图 1-3）最多，并称为“三大画科”；按技法可分为工笔画、写意画、兼工带写。

图 1-1　《女史箴图卷》（顾恺之　东晋）

图 1-2　《溪山行旅图》（范宽　北宋）

图 1-3　《芙蓉锦鸡图》（赵佶　北宋）

1．工笔画

工笔画以工整细密的线条和笔法来描绘对象，色彩上采用分染、罩染、烘染手法，达到高雅统一的格调，具有平面感和装饰性，达到人物“气韵生动”“传神”的效果，如图 1-4 和图 1-5 所示。

图 1-4 《韩熙载夜宴图》（顾闳中 五代）

图 1-5 《写生珍禽图》（黄荃 五代）

2. 写意画

写意画，即用简练的笔法描绘景物。笔与墨是写意画中不可分割的两个方面。笔中有墨，墨中见笔，是传统写意画对笔墨的基本要求，各种用笔都脱不开墨色的变化。写意画一般画在生宣纸上，纵笔挥洒，墨彩飞扬，较工笔画更能体现所描绘景物的神韵，也更能直接地抒发艺术家的感情，如图 1-6 至图 1-8 所示。

图 1-6 《杂花图卷》（徐渭 明）

图 1-7 《泼墨仙人图》（梁楷 宋）

图 1-8 齐白石作品

扩展阅读

十 八 描

十八描，中国画技法名，指古代人物衣服褶纹的各种描法。明代邹德中的《绘事指蒙》中载有“描法古今一十八等”。清王瀛将其付诸图画，并注明每种描法的要点。现在，我们看见的总结十八描技法的图画即是出自他手。

十八描可以分为三类。一是游丝描类，它行笔慢，多以中锋出之，压力均匀，线型始终如一，变化较少。铁线描、曹衣描、琴弦描皆属此类，它的代表作者是顾恺之。二是柳叶描类，它行笔快，变化多，压力多在线条的中段。枣核描、橄榄描、行云流水描均属之，它的代表作者是吴道子。三是减笔描类，它的特点是行笔快，多用侧锋，与纸面压擦力大，压力多集中在线的一段，而又由线到面，线型变化大，竹叶描、枯柴描等皆属之。

3. 兼工带写

此为国画术语，是中国画技法之一。在一幅画中所描绘的形象，有笔法工整、细致的地方，也有洒脱、放纵的写意部分，用工、写两种笔法，表现出物象的形神，多见于花鸟画和人物画，如图 1-9 所示。任伯年算得上是兼工带写的代表画家，他一生中留下了大量兼工带写的作品，如图 1-10 所示。

图 1-9　花卉册（恽寿平　清）

图 1-10　人物画（任伯年　近代）

（二）油画

油画（an oil painting; a painting in oils）是西洋画的主要画种之一。它是以快干性的植物油（亚麻仁油、罂粟油、核桃油等）调和颜料，在亚麻布的画布、纸板或木板上进行绘制的一个画种。凭借颜料的遮盖力和透明性，油画可以较充分地描绘对象，其展示的绘画色彩丰富，能充分表现出物体的色彩变化，立体质感强，具有很强的视觉冲击力，极富真实感。

画面所附着的颜料有较强的硬度，当画面干燥后，能长期保持光泽。油画从表现内容上可以分为人物（图 1-11）、风景（图 1-12 和图 1-13）和静物等（图 1-14）。

图 1-11　《荷拉斯兄弟之誓》（大卫　法国）

图 1-12　《林荫道》（霍贝玛　荷兰）

图 1-13　《日出·印象》（莫奈　法国）

图 1-14　《鳐鱼》（夏尔丹　法国）

（三）水彩画

水彩画是用透明颜料与水调和作画的一种绘画方法，通过表现自然光中的色彩变化和丰富的效果，从而塑造对象。由于色彩透明，一层颜色覆盖另一层可以产生特殊的效果，但调和颜色过多或覆盖过多会使色彩肮脏，水干燥得快，所以水彩画不适宜制作大幅面作品，只适合制作风景等清新明快的小幅画作，如图 1-15 所示。

水彩画是西方绘画的一个独特画种，作为独立的绘画形式，其形成与发展经过了一定的历史过程。世界上第一幅水彩画是文艺复兴时期的德国著名画家丢勒的《一簇樱草》（图 1-16），但水彩画成为独立画种并兴盛、发展是在英国。

图 1-15　《乡情》水彩画（怀斯　美国）

图 1-16　《一簇樱草》水彩画（丢勒　德国）

（四）水粉画

水粉画是用水调和粉质颜料描绘而成的一种图画。其表现特点为处在不透明和半透明之间，有较强的覆盖能力，可进行深入细致的刻画。色彩可以在画面上产生艳丽、柔润、明亮、浑厚等艺术效果。

含粉对水色流畅的活动性会产生一定限制。水粉画在湿的时候，颜色的饱和度很高，干后则由于粉的作用使颜色失去光泽，饱和度大幅度降低。但如果运用得当，能兼有油画的浑厚和水彩画的明快两种艺术效果，如图 1-17 所示。

（五）素描

从广义上讲，素描泛指一切手绘的单色图画，素描是对物体进行的简单刻画，用黑、白、灰三色将物体的亮面、阴影、投影画出来，在平面的纸上勾勒出一个多面的物体，如图 1-18 所示。

图 1-17　水粉静物（孟红霞）

图 1-18　列宾美术学院素描作品

（六）速写

速写是一种快速的写生方法，它同素描一样，既是造型艺术的基础，也是一种独立的艺术形式。而在欧洲 18 世纪以前，速写只是画家创作的准备阶段和记录手段，如图 1-19 和图 1-20 所示。

（七）版画

版画是以“版”作为媒介来制作的一种绘画艺术。它是在各种不同材料的版面上通过手工制版印刷而成的一种绘画（木板、石版、铜版、锌版、麻胶版等）。版画艺术在技术上是一直伴随着印刷术的发明而发展的，古代版画主要是指木刻，也有少数铜版刻和套色漏印，如图 1-21 所示。

图 1-19　戈雅速写

图 1-20　荷尔拜因速写

图 1-21　桃花坞木刻版年画

1. 版画的发展

版画经历了由复制到创作两个阶段。早期版画会将画、刻、印三者分工，称为复制版画；后来画、刻、印都由版画家一人来完成，可以充分发挥版画家的艺术创造性，这种版画称为创作版画。中国复制木刻版画已有上千年历史，创作版画则起自 20 世纪 30 年代，在鲁迅先生的提倡下，版画得到了巨大的发展。

在西方，16 世纪德国画家丢勒以铜版画（图 1-22）和木版画复制钢笔画，到 17 世纪，伦勃朗则把铜版画从镂刻法发展到腐蚀方法，并进入创作版画阶段。木刻版画进入创作版画阶段是在 19 世纪。

2. 版画的分类

版画的种类很多，根据版面性质和使用材料的不同可分为三种：凸版，如木刻版画（图 1-23）、麻胶版画、纸版画、石膏版画；凹版，如铜版画、锌版画；平版，如石版画。

传统版画的“版”具有局限性，间接性的创作方式造成画面效果弱化，在现代社会遭遇各种艺术形式冲击。如今，利用计算机技术辅助版画创作，既可以使表达方式多样化，也可便捷、直观地驾驭创作效果。

图 1-22 铜版画《书斋中的圣哲罗姆》（丢勒）

图 1-23 木刻版画

扩展阅读

丢勒凭借其著名的《启示录》，一跃成为名冠欧洲的画家。《启示录》是《圣经》最后充满恐怖幻想的经文，其作用是告诫信徒若不笃信上帝，就必遭天谴。30 岁时他创作了最著名的三幅铜版画，即《骑士、死神、魔鬼》（图 1-24）、《书斋中的圣哲罗姆》和《忧郁》。

图 1-24 版画《骑士、死神、魔鬼》

（八）连环画

连环画是绘画的一种，指用多幅画面连续叙述一个故事或事件的发展过程，实际上应称为“连续画”，兴起于 20 世纪初的上海，是根据文学作品故事，或取材于现实生活，编成简明的文字脚本，据此绘制多页生动的画幅而成。

连环画是一个独立的画种，一般以线描为主，也可用不同的绘画手法表现它，如水墨、水粉、水彩、木刻、素描、漫画、摄影甚至油彩、丙烯均可加以运用，如图 1-25 所示。

（九）漫画

漫画是广受欢迎的艺术表现形式之一，它是一种用简单而夸张的手法来描绘生活或时事的绘画。一般运用变形、夸张、比喻、象征、暗示、影射的方法，构成幽默诙谐的画面或画面组，以取得讽刺或幽默的效果，具有较强的社会性。漫画也有纯为娱乐的作品，娱乐性质的作品往往存在搞笑型和人物创造两种，如图 1-26 所示。

图 1-25　连环画《西厢记》

图 1-26　丁聪漫画

（十）漆画

漆画是以天然大漆为主要材料的绘画（有时漆画也放在工艺美术类中），除漆之外，还有金、银、铅、锡以及蛋壳、贝壳、石片、木片等。入漆颜料除银朱之外，还有石黄、钛白、钛青蓝、钛青绿等。

漆画的技法丰富多彩。依据其技法不同，漆画又可分成刻漆、堆漆、雕漆、嵌漆、彩绘、磨漆等不同品种。漆画有绘画和工艺的双重性，如图 1-27 所示。

图 1-27　中国古代漆画（战国）

二、雕塑

雕塑又称为雕刻，它是与绘画并列的主要造型艺术门类，包含雕凿、石刻、泥塑三种创作技法。雕塑作品一般由石质、木质、金属、黏土等各种物质材料构成。

雕刻的种类很多，由于使用的石质、木质、金属、黏土等各种物质材料和工具特殊，因此各不相同。常见的如石雕、玉雕、木雕、竹雕、根雕、瓷雕、冰雕等，特殊的如食品雕刻、果蔬雕刻、花卉雕刻及微雕等。雕塑艺术被称为“凝固的舞蹈”，它是人类情感外溢的物化形态，是中西文化的重要组成部分，如图1-28和图1-29所示。

图1-28 《哀悼基督》（大理石）

图1-29 彩绘木雕观音菩萨坐像

雕塑作为一门艺术，会受各种文化的影响，体现不同的时代气息，它是人类主动的创造行为。中西方由于各自的文化及背景知识等的不同，其各自的雕塑艺术也表现出极大的差异。雕塑有圆雕、浮雕和透雕等多种形式，所用材料有石头、木材、黏土、石膏、金属、玉石等。

1．圆雕

圆雕是指可以多方位、多角度欣赏的三维立体雕塑。圆雕的手法与形式多种多样，有写实性的与装饰性的、具体的与抽象的、户内的与户外的、架上的与大型城雕、着色的与非着色的等。雕塑内容与题材也是丰富多彩的，可以是人物，也可以是动物，甚至是静物；材质上更是多彩多姿，有石质、木质、金属、黏土、沙土、纺织物、纸张、植物、橡胶、玻璃钢等，如图1-30和图1-31所示。

图 1-30 圆雕《思想者》

图 1-31 圆雕《假山石 85 号》(玻璃钢)

扩展阅读

《思想者》

《思想者》的创作出自《地狱之门》的作者，他是为巴黎装饰艺术博物馆大门而制作的。1888 年，《思想者》第一次在哥本哈根展出时的尺寸同《地狱之门》的相当，约 0.72m，名字叫《诗人》。1889 年，在莫奈—罗丹巴黎联展中以《思想者——诗人》为名的石膏像进行展出。从此，《思想者》成为唯一的名字。1904 年，在伦敦第一次展出放大的《思想者》石膏像。同年，铜雕像在巴黎的全国美术展中展出。

小贴士

玻璃钢雕塑是雕塑的一种成品类型，具有质轻、耐腐蚀、成本相对较低的特点，又称 FRP，学称纤维增强塑料，在国内习惯上称之为玻璃钢。它是以合成树脂为基体材料，以玻璃纤维及其制品为增强材料制成的复合材料。

2. 浮雕

浮雕是雕塑与绘画相结合的产物，靠透视等因素来表现三维空间，并只供一面或两面观看。浮雕一般是附属在另一平面上的，所占空间较小。浮雕在内容、形式和材质上与圆雕一样丰富多彩，如图 1-32 所示。

3. 透雕

去掉底板的浮雕则称为透雕（镂空雕），把浮雕的底板去掉，有的可供两面观赏，如图 1-33 所示。

图 1-32　浮雕《人民英雄纪念碑》（局部）

图 1-33　玉器透雕（宋）

三、建筑艺术

建筑是人们利用一切物质手段，构筑供人们居住和使用的空间，建筑的首要功能是实用性。建筑艺术则是按照美的规律，运用建筑艺术独特的艺术语言，使建筑形象具有象征性和形式美，体现出民族性和时代感，具有独特的文化价值和审美价值。

建筑艺术的欣赏是在把握建筑实用功能的同时，去感受建筑物均衡、对比、色彩、材质等形式美和由内部空间和外部形体空间及延伸形成的空间审美氛围，深刻领会其精神内涵和美感，如图 1-34 所示。

图 1-34　印度泰姬陵

按其功能性特点，建筑艺术可分为纪念性建筑、宫殿陵墓建筑、宗教建筑、住宅建筑、园林建筑和生产建筑等类型。

中国古代建筑以木结构建筑为主，西方的传统建筑以砖石结构为主，而现代建筑则是以钢筋混凝土为主。中国古代建筑品类繁盛，包括宫殿、陵园、寺院、宫观、园林、桥梁、塔刹等。

自秦朝开始，“宫”则成为皇族住所的专用名称，宫殿为皇帝理政和生活的地方。中国古代宫殿建筑多采用中轴对称的布局方式：中轴线上主体建筑高大华丽，两侧建筑在体量上相对低小简单，以此来体现皇权的至高无上。图 1-35 所示为紫禁城太和殿。

法国在 17 世纪到 18 世纪初为路易十三和路易十四专制时期，古典主义建筑风格为当时社会所崇尚。古典主义建筑造型严谨，多采用古典柱式，内部装饰富丽多彩。法国古典主义建筑的代表作是规模巨大、造型雄伟的宫廷建筑和纪念性的广场建筑群，如巴黎卢浮宫、凡尔赛宫和巴黎伤兵院新教堂等。凡尔赛宫不仅创立了宫殿的新形制，而且在规划设计和造园艺术上都为当时欧洲各国所效仿，如图 1-36 所示。

图 1-35　紫禁城太和殿

图 1-36　法国凡尔赛宫

扩展阅读

中外古代建筑差异

(1) 建筑材料不同。从建筑材料来看，在现代建筑未产生之前，世界上所有已经发展成熟的建筑体系中，基本上都是以砖石为主要建筑材料来建造的，属于砖石结构系统。唯有中国古典建筑（包括邻近的日本、朝鲜等地区）是以木材来做房屋的主要构架，属于木结构系统，因而被誉为“木头的史书”。

(2) 建筑空间的布局不同，反映了中西方制度文化、性格特征的差别。从建筑的空间布局来看，中国建筑是封闭群体的空间格局，在地面平面铺开。与中国相反，西方建筑是开放单体的空间格局，向高空发展。

(3) 建筑的发展不同，表现了中西方对革新态度的差别。从建筑发展过程来看，中国建筑是保守的。西方建筑经常求变，其结构和材料演变得比较急剧。

(4) 建筑价值的不同，显现中西方审美观念的异殊。从建筑的价值来看，中国的建筑着眼于信息，西方的建筑着眼于实物体。

四、工艺美术

工艺美术是指美化生活用品和生活环境的造型艺术，它的突出特点是物质生产与美的创造相结合，以实用为主要目的，并具有审美特性，以美术技巧制成的各种与实用相结合并有欣赏价值的工艺品。

工艺美术通常具有双重性质，既是物质产品，又具有不同程度精神方面的审美性。它是一种集装饰、绘画、雕塑于一体的空间性的综合艺术。作为物质产品，它反映着一定时代、一定社会的物质和文化的生产水平；作为精神产品，它的视觉形象（造型、色彩、装饰）又体现了一定时代的审美观。工艺美术一般可分为实用工艺美术和观赏工艺美术两大类。

1. 实用工艺美术

实用工艺美术即经过装饰加工的生活实用品，包括陶瓷设计、服装设计、染织设计、工业产品设计、电影和商业广告设计、家具设计、首饰设计等不同种类，如图 1-37 和图 1-38 所示。

图 1-37　古典家具

图 1-38　座椅设计（扎奴索 意大利）

2. 观赏工艺美术

观赏工艺美术，即专供欣赏的陈设品，如象牙雕刻、玉石雕刻、装饰绘画等，如图 1-39 所示。

五、书法艺术

书法艺术特指用毛笔写汉字的艺术，中国有句古话：字如其人。中国书法是一门古老的艺术，它作为汉字的一种艺术是中国所独有的，从迄今考古文物发掘的情况判断，为始于八千年前的中华黄河流域的古陶器文，再经由甲骨文、金文演变而成大篆、小篆、隶书，最后定型于东汉、魏、晋的草书、楷书、行书诸体，书法一直散发着艺术的魅力。

书法的美在于字里行间的节奏、韵律、气势及其所传达的意兴情绪，如图 1-40 和图 1-41 所示。各种书体均讲究结构安排横直有致，羲献父子、颜筋柳骨、颠张醉素使书法作为文人的技能登入大雅之堂，也早早地跻身“琴棋书画”四技的行列。如今，练习书法已经是提高文化修养、修身养性的途径之一，甚至书法已然是国人礼仪的基本要素。

图 1-39　白玉皮子人物（山子 清）

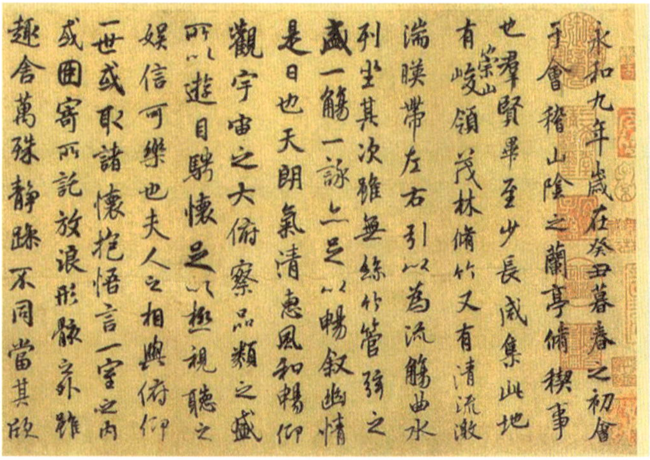

图 1-40　王羲之书法艺术

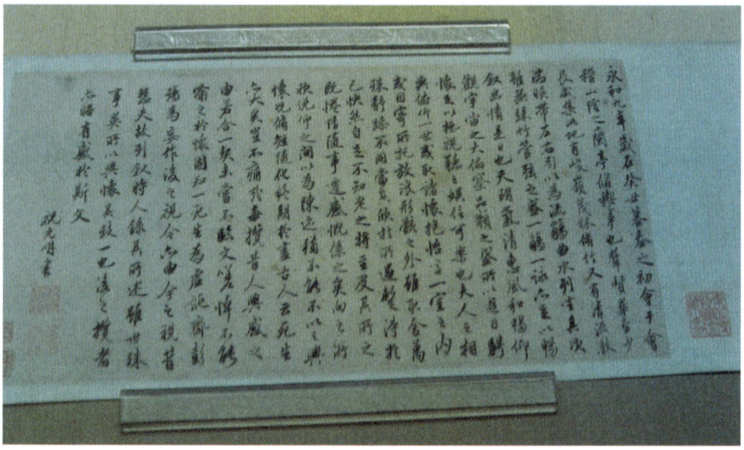

图 1-41　祝允明书法艺术

第三节　美术的起源

美术的起源是美术史研究中一个有争议的话题，大概有模仿说、符号说、表现说、巫术说、劳动说、游戏说、图腾说、潜意识说、宗教说、装饰说等。其中最具代表性的四种说法是巫术说、游戏说、摹仿说、劳动说。

一、巫术说

巫术说最早见诸英国人类学家爱德华•泰勒（Edward Tylor）的《原始文化》一书，巫术说认为原始人经常遭受自然界的袭击，对自然的一切现象都感到神秘，难以理解，企图发明各种能支配自然力的东西，如假面、泥人、雕刻、图画等，这些发明都是企图用一种独特的形式去控制各种可怕的自然力量。

从目前大量考古学和人类学的材料证明，在原始氏族的巫术活动中有很多符号与图画，巫术观念的确是原始人世界观最突出的特征，而原始时代遗留下来的壁画、雕刻大多具有巫术的含义。例如，史前岩画，一些图像动物身上有被长矛刺戳或棍棒打击过的痕迹；有的图像动物身上还中了六七条标枪，据推测是借此对动物施加巫术影响，以祈祷狩猎的成功。

还有些洞穴壁画的动物形象被多次重叠，大约是第一次作画后凑巧产生了预期的巫术结果，于是原始人便在那个地方反复作画。由此可见，巫术观念在美术发展的过程中的确起过巨大的作用，如图 1-42 所示。

图 1-42 《奔马》洞穴壁画（拉斯科 法国）

二、游戏说

游戏说认为美术起源于游戏。这种学说的代表人物是德国著名的美学史论家席勒和英国学者斯宾塞。席勒认为，人类审美观念的产生是人类脱离动物界的标志；斯宾塞进一步明确并发展了席勒的观点，认为游戏和艺术都是过剩精力的发泄，美感起源于游戏的冲动。

正如各类动物也有游戏活动一样，原始人类在劳动之余也会做游戏，如唱歌、跳舞、画画，把生活中看到的和感受到的形象用画或刻的手段体现在岩石、沙土、树木等地方，画的过程是游戏的过程，画完之后的欣赏也是一种游戏。

游戏说揭示了艺术发生的生理学、生物学及心理学方面的某些必要条件，提出精神上的自由是艺术创造的核心，对解释艺术的发生和理解艺术的本质都是富有启发性的。

三、摹仿说

摹仿说是最古老的一种关于美术起源的理论，但和上述两种理论相比其影响较小。摹仿说认为，人类在与自然的交往中，越来越多的识别各类动植物，识别能力的提高导致了对它们的摹仿。

首先，它揭示了人类一种比较原始的心理倾向，这种倾向与艺术创造的冲动是相通的，对客观事物的准确描绘也是对事物的一种把握，它使人从中看到自己的智慧和能力，从而引起心理上的快感和满足。其次，摹仿是大部分原始艺术创作的基本方法，或许是人类艺术采用的最早艺术方法。从今天所发现的原始艺术作品来看，无论是洞穴壁画还是雕刻，都可看出摹仿痕迹，如图 1-43 所示。

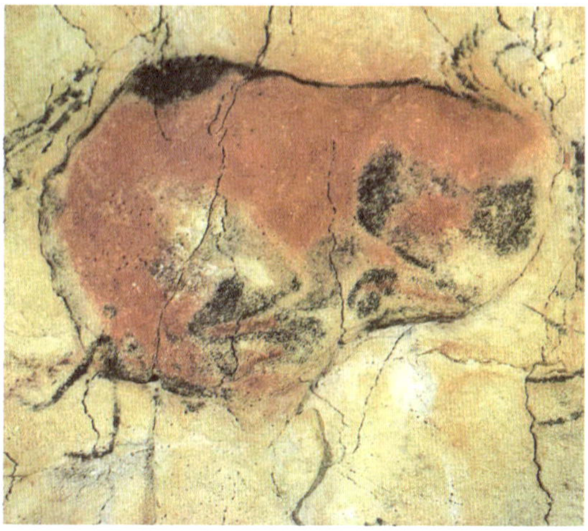

图 1-43 阿尔塔米拉洞穴壁画《受伤的野牛》

扩展阅读

《受伤的野牛》是西班牙阿尔塔米拉洞穴壁画，旧石器时代晚期人类遗迹。这是现今发现的人类最早、最著名的美术作品之一。它是 1879 年由一个名叫蒙特乌拉的西班牙工程师的女儿偶然发现的。

由于这一壁画中描绘的动物十分生动，以至于当这位工程师将它公诸于世时，西班牙考古界反而说他造假惑众，使他蒙冤 20 多年。西班牙的这个洞穴长约 270m，壁画集中在入口处长 18m、宽 9m 的地方。上面画的主要是各种动物，包括 15 头野牛、三只野猪、三只鹿、两匹马和一匹狼。

这幅《受伤的野牛》壁画，位于主洞的顶部，那堆积在一起的动态很难表现，可是在史前画家的笔下，不仅野牛骨骼脉络清楚，解剖结构准确，而且它的头部似乎还传达出痛苦、挣扎和气喘吁吁的真切表情。从现在的画迹来看，这些壁画是先勾线后涂色，色彩以赭红与黑色为主，都是天然矿物颜料，所用的绘画工具可能是利用当时的一些动植物和兽毛制成的。这些壁画距今已有两三万年的历史。

四、劳动说

在几万年前的石器时代，人们常把原始社会早期的石制生产工具称为原始美术或原始造型艺术，可是从严格意义上讲，这些石器并不能算作人类最早的美术品，但它却蕴藏着艺术品的萌芽，同时孕育着人类早期审美意识的萌芽，这说明美术的萌芽起源于劳动。

制造工具是人类诞生的标志，因为它表现出的是一种“自由的自觉的活动”，或者叫作“有意识的生命活动”，这是审美意识的萌芽。最初，这种审美意识只是依附于劳动成果（工具、武器、猎物等）的使用价值之上的精神价值，随着人类劳动实践的不断扩大与深入，这种审美的精神附加在产品中所占的比例也逐渐增加，人类便开始为专门满足审美的需要而进行创作和生产，美术于是作为一种精神产品诞生了。

由此可见，美术的发生不是偶然的，它是为了满足人类的某种精神需要，并由人自己创造的。正因为劳动在人类生活中占有头等重要的地位，所以劳动生产活动本身与劳动活动密切相关的其他事物便自然地成为人类最初的，也是最重要的审美对象，因而，也就构成了原始美术最基本的题材。

原始的洞穴壁画，无论是分布在欧洲的，还是分布在非洲的、澳洲的，都有一个共同的题材，就是野牛、野猪、鹿、野马等，这些都是原始人的主要狩猎对象，是它们赖以生存发展的主要食物来源，正因为如此，它们才会对这些动物的特征把握得那样精细准确，刻画得栩栩如生。

第四节　幼儿美术教育的目的

幼儿美术教育的目的不是把所有学生都培养成艺术家，而是着眼于素质和品位的教育。对于幼儿来说，只要学会正确的观察方法，初步了解绘画表现形式和技法，能够具有简单造型的能力，可以在纸上随心所欲地作画，表现自己的所思所想，就达到了学习美术教育的目的。

美术教育作为促进幼儿智力发展和培养各种能力的重要手段，已被人们普遍认识和重视。美术教育以美术作为教育媒介，在幼儿园的教学中占有很大的比例。通过美术活动的学习，可以训练幼儿的观察力、陶冶情操、提高幼儿的想象力和创造力，对幼儿全面、和谐发展具有独特的作用，因此，幼儿美术在幼儿园课程中是一门重要学科。

一、渗透德育，使幼儿形成优良的道德品质

美术教育使学生在学习美术的过程中受到美的形象和内容的感染，巧妙地融入德育内容，使它能发挥积极的作用。在小班美术《我给小鱼穿新衣》的活动中，教师让幼儿欣赏范作、图片资料，当幼儿看到许多种鱼生活在被污染的水中的图片时，他们就初步理解了环保在生活中的重要性。当看到卡通画中小鱼因失去了温暖的家而哭泣时，幼儿深切地感受到了保护水资源的重要性。可见，美术能以生动、形象的画面打动幼儿的心，培

养幼儿的环保意识和责任意识。

在美术教学中，幼儿所接触到的美的内容和形态，可以使他们在潜移默化中受到熏陶，进而形成好的道德品质，使他们更加热爱生活。

二、提升审美，使幼儿具有美好的情操与人格

幼儿审美能力的培养是美术素养形成的重要支撑。教师要充分重视培养幼儿感知美的能力，使他们具有敏锐的视觉意识，对视觉现象和美术作品能作出积极的、独特的反应。

美术教育能使幼儿参与到美术活动中，在艺术品的熏陶和影响下，幼儿可以欣赏美、感受美，进而建立起美的情操和人格。在美术教学中，教师应当经常让幼儿欣赏美术作品，从而提高孩子们的审美能力。

三、有效活动，促进幼儿的智力发展

智力是保证人们有效地进行认识、理解客观事物和运用知识、经验解决问题的能力，包括感知力、观察力、想象力、思维能力等。许多实例证明，美术能有效地促进人的智力发展。同样，让幼儿进行早期绘画学习有利于培养幼儿的创造力，对于幼儿智力的开发、今后成长都有着至关重要的指导作用。美术能培养幼儿敏锐的感知能力、观察能力，能促进幼儿思维能力和创造能力的发展。

本章小结

美术是以一定的物质材料，塑造可视的平面或立体形象，以反映客观世界和表达对客观世界感受的一种艺术形式，因此，美术又称为造型艺术、视觉艺术、空间艺术。美术是反映自然和社会生活，表达艺术家的思想观念和感情的一种艺术活动。它主要包括绘画、雕塑、工艺、摄影、书法、建筑等类型。

讨论题

（1）美术的分类有哪些？

（2）说一说在众多美术形式的作品中你最喜欢的一件作品，并进行分析。

实训课堂

（1）请回想一下有没有看过当地的美术馆或博物馆，对其中印象深刻的美术作品进行描述。

（2）请试着分析下面两幅作品的不同之处，图 1-44 所示为卡拉瓦乔的油画《水果篮》，图 1-45 所示为李嵩所绘的中国画《花篮图》。

图 1-44　油画《水果篮》（卡拉瓦乔）

图 1-45　国画《花篮图》（李嵩）

（3）作为一名幼儿园美术教师，如何将中华传统文化融入幼儿园美术活动。我国传统文化教育的主要目的就是让幼儿通过了解本民族文化，达到产生民族自豪感的目的。因此，教师在美术活动中，可以在进行绘画、泥工、剪纸、版画等美工活动时，通过给幼儿欣赏相关的美术作品，提高幼儿的审美水平。

① 让幼儿先对传统文化有一定的理解，然后与生活相联系，转变为幼儿可以理解和接受的东西，让幼儿通过美术活动体会传统文化的美。

② 结合教学资源，将幼儿园环境与传统文化元素有机地结合，开发出相应的课程，如中国传统剪纸、撕纸、染纸、泥塑等。也可以与幼儿的美术活动有机地融合起来，例如，设计一堂传统剪纸课或泥塑课，活动的延伸可以最后在美工区设计一个展示活动，让幼儿通过这种美工活动体验中国传统文化的魅力。

参考视频（扫描二维码可观看视频）

《我给小鱼穿新衣》完整录像

第二章

黑白世界

学习导语

素描、线描、简笔画是幼教专业的绘画基础课程，主要通过单色线条对物体进行表现。本章通过对静物、动植物、风景、人物等内容的练习，让学生熟悉绘画造型的方法，掌握基本的造型能力，处理好画面的黑白关系，开阔视野，提高欣赏水平。结合实际，启发引导学生的绘画思路，培养学生的想象力、创造力和表现力，为今后幼儿园工作及教学打好基础。

教学目标

(1) 了解素描、线描、简笔画的概念和特征。

(2) 理解素描、线描与简笔画的区别。

(3) 通过素描学习提高造型能力。

(4) 掌握简笔画技法，并能直接运用到幼儿园教学中。

第一节　素描概述

一、素描的基本概念

“素”字有“质朴、本色、不加修饰”和“构成事物的基本成分”之意。素描通常是指以简单的工具、朴素的描绘，达到准确而生动地表现对象的目的。素描作为造型艺术的基础，历来被称为“造型的精髓”“绘画的根底”。

素描是人类历史上最早出现的绘画形式，也是最古老的艺术语言之一。从原始洞窟涂鸦式的壁画、崖画到欧洲文艺复兴时期严谨、精确的写实绘画，从中国传统的白描、石刻、砖画到水墨画乃至书法，无不体现出素描的重要性。

素描是绘画、建筑、雕塑等一切造型艺术的基础。

——米开朗基罗

图 2-1 所示为公元前 3 万至公元前 1 万年旧石器时代晚期的古人绘画遗迹。

图 2-2 所示为新疆岩画，新疆岩画可追溯到石器时代，享有盛誉的新疆阿尔泰山岩画数量最多，内容多为奔跑的骏马、鹿和羊群，其线条简练、造型生动。

图 2-1　拉斯科洞窟壁画（法国）

图 2-2　新疆岩画（中国）

图 2-3 所示为意大利文艺复兴三杰之一达·芬奇的作品。这是达·芬奇众多素描手稿中的一幅，是为著名油画《蒙娜丽莎》画的手绘草图。

图 2-4 所示为德国画家丢勒的素描作品，丢勒和达·芬奇一样，也是欧洲文艺复兴时期伟大的代表人物之一。这幅素描用极丰富的线条语言刻画出老人自然安详的神态。

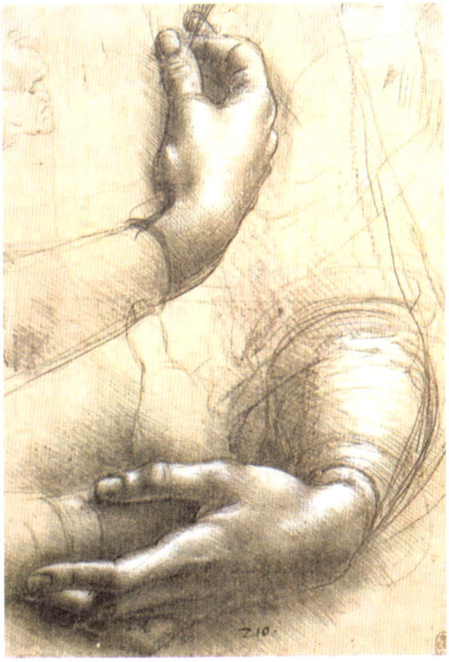

图 2-3　《手的习作》（达·芬奇　意大利）

图 2-4　《素描人像》（丢勒　德国）

教学心得

就像手分左右一样，人的大脑也是分左右的。左脑分管语言文字抽象思维，右脑分管图形思维。而绘画是典型的图形思维，因此，幼儿学习绘画的过程实际上是对右脑的开发。学习绘画可以转换思维，转换观察事物的角度和方法。

“学习绘画其实就是学习如何看事物——如何进行正确的观察——而这就意味着远远不仅仅是用眼睛来看。”（科蒙・尼科雷德斯《自然绘画方式》）

扩展阅读

达・芬奇画鸡蛋

达・芬奇在很小的时候就非常喜欢画画，于是父亲就把他送到欧洲的艺术中心佛罗伦萨，拜著名的画家和雕塑家费罗基俄为师。

费罗基俄是个非常严格的老师，学习的第一天，他让达・芬奇画蛋。让他横着画，竖着画，正面画，反面画。达・芬奇画了一天就厌倦了，但是老师却一直让他画蛋，画了一天又一天，达・芬奇想：天天画蛋有什么用呢？于是向老师提出了疑问。费罗基俄回答说：“要做一个伟大的画家，就要有扎实的基本功。画蛋就是锻炼你的基本功啊！你看，1000个蛋中没有两个蛋是完全一样的。同一个蛋，从不同的角度看，它的形态也不一样。通过画蛋，你就能提高你的观察能力，就能发现每个蛋之间的微小差别，就能锻炼你手眼的协调，做到得心应手。”

达・芬奇听后觉得很有道理，从此他更加认真地学习画蛋，天天对着蛋画，努力将各种绘画技巧融于其中。几年以后，达・芬奇的手仿佛施了魔法，想画什么就画什么，画什么就像什么。

二、素描的常用工具

素描，从字面上理解就是单色画，它是一种运用线条来再现事物的艺术形式。画素描的工具很多，使用铅笔、钢笔、圆珠笔、毛笔、炭笔、签字笔都可以画，纸张也不限，工具的选择取决于个人的绘画能力及表现对象的需要。

对于初学素描的人来说，可以选择使用铅笔开始画，美术铅笔的铅芯有不同等级的软硬区别，硬的以H为代表，如1H、2H、3H、4H等，前边数字越大，硬度越强，即色度越淡；软的以B为代表，如1B、2B、3B、4B、5B、6B等，数字越大软度越强，色度越黑（图2-5）；学生用的铅笔一般是HB型，软硬适中。对于初学者，可从HB到4B中选择三种类型即可。

铅笔有从深到浅、从软到硬的变化特点，配合表面略微粗糙的素描纸，可以很丰富地表现出对象的造型特征。如果从携带方便来说，买一个大小合适的素描本（图2-6）、几支软硬不同的绘画铅笔以及转笔刀和橡皮，就可以开始画素描了。

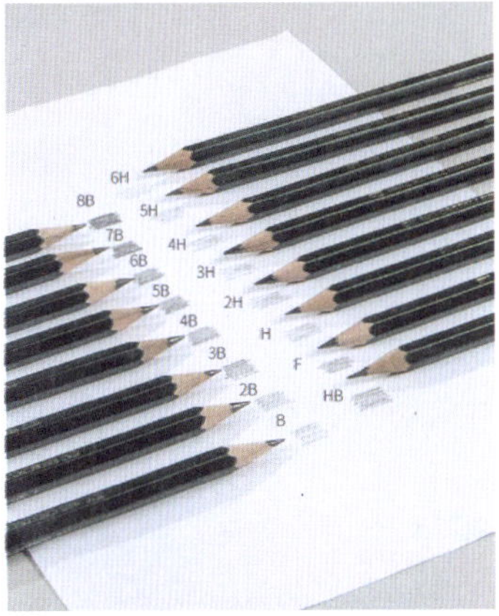

图 2-5　铅笔

图 2-6　素描本

三、素描的表现形式

素描不仅是其他造型艺术的基础训练学科，而且也是一门独立的艺术样式。素描与其他绘画一样，有着丰富的表现形式。

以表现明暗关系为主，强调光影效果的素描，称为光影调子式素描或全因素素描，如图 2-7 至图 2-9 所示。以表现结构关系为主，强调线条作用的素描，称为以线带调子式素描，如图 2-10 至图 2-12 所示。

图 2-7　《衣纹练习》（达·芬奇　意大利）

图 2-8　《肖像》（列宾　苏联）

图 2-9　《素描静物》（布雷沃　西班牙）

图 2-10　《素描人像》（丢勒　德国）

图 2-11　费欣素描（美国）

图 2-12　《江南水乡》（吴冠中　中国）

扩展阅读

吴冠中（1919—2010），江苏宜兴人，当代著名画家、美术教育家。他致力于油画民族化和中国画现代化的探索，形成了鲜明的艺术特色。吴冠中先生一生用了大量的时间写生大自然，从大自然中发现美，提取美的元素，用最简洁的点、线造型，组织编排画面，具有独特的形式美感。

四、素描中线的表现方法

1. 握笔

（1）画画的握笔方法是和平时写字有区别的，通常的握笔方法是拇指、食指和中指捏住铅笔，小指作支点支撑在画板上（或悬空），靠手腕的移动来画出线条，如图2-13所示。

（2）只在细部刻画时才会采用像平时写字时的握笔姿势，但依然是靠小指的支点来移动手腕完成，如图2-14所示。

图2-13　握笔姿势

图2-14　深入刻画时的握笔姿势

2. 线的种类和注意事项

素描中用线是必要的，通过明暗和线条的结合，使素描更概括、更有力、更有表情。在一张白纸上画画，首先画出来的是线条，线条组合出来的才是形象。线的种类很多，有直线、曲线、粗线、细线、长线、短线、深线、浅线、硬线、软线、光滑线、粗糙线、横线、竖线等。线的表现方式也丰富多样，能表现不同特征的物象造型。

（1）以表现明暗关系为主的素描中，可以用排线的方法来表现一个面。几何学上讲，点的移动成线，线的移动成面，线的轻重变化形成面的虚实凹凸等复杂的变化。这种线的画法是落笔轻，中间重，收笔轻，形成两头虚中间实的线。这样画出的线容易衔接，在整个作画的过程中也容易把握整体的效果（图2-15）。

（2）以表现结构关系为主的素描中，利用线的长短、粗细、轻重、曲直等各种变化，运用穿插、重叠、疏密、虚实等不同的方法，来表现物象的形状、结构、体积、质量。线条是最有生命力的因素，生活中没有纯粹的线，我们是从不同角度、粗细的体面中提炼出来抽象的线，通过对物象的观察、理解、判断而得出。所以，我们不仅要观察对象的明暗深浅，还要观察线，要从对象上看出线（图 2-16）。

图 2-15　《素描静物》（布雷沃 西班牙）

图 2-16　《马的素描》（徐悲鸿 中国）

扩展阅读

徐悲鸿（1895—1953），现代画家、美术教育家。汉族，江苏宜兴人。留学法国学西画，归国后长期从事美术教育，新中国成立后第一任中央美术学院院长，是中国美术教育的奠基者。他画的马驰誉世界，几近成了现代中国画的象征和标志。

五、素描的透视表现

（一）透视的类型

透视有三种，包括平行透视、成角透视、散点透视。

1．平行透视

平行透视也叫一点透视，即物体向视平线上某一点消失，如图 2-17 所示。

2．成角透视

成角透视也叫二点透视，即物体向视平线上某两点消失，如图 2-18 所示。

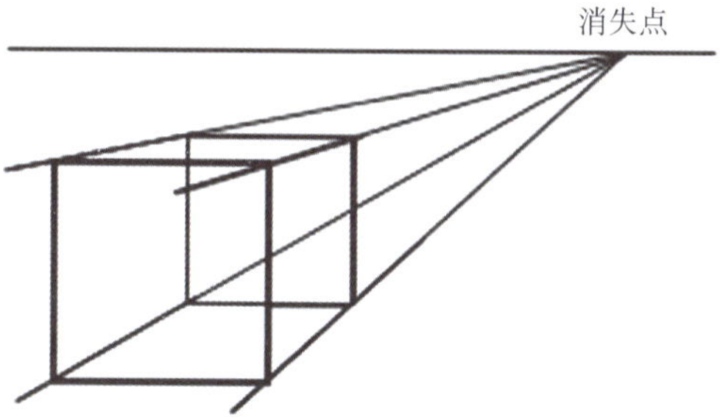

图 2-17　平行透视（一点透视）

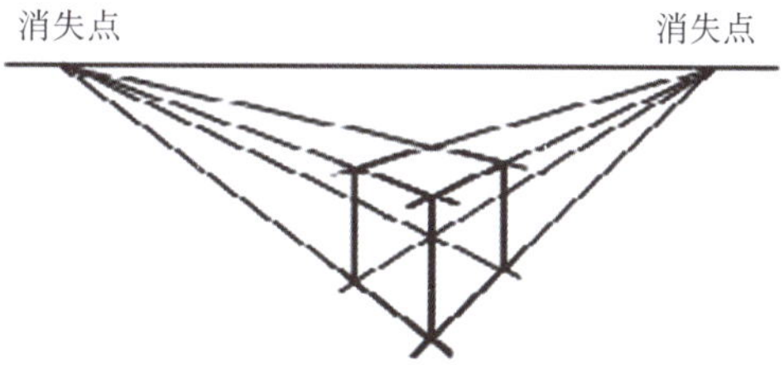

图 2-18　成角透视（二点透视）

3. 散点透视

散点透视也叫多点透视，即不同物体有不同的消失点，这种透视法在中国画中比较常见，如图 2-19 所示。

图 2-19　散点透视（多点透视）

（二）透视在绘画中应注意的特性

1. 近大远小

近大远小是视觉自然现象，正确利用这种性质有利于表现物体的纵深感和体积感，从而在二维的画面上表现出三维的体积空间。

2. 近实远虚

由于视觉的原因，近处的物体感觉会更清晰，而远处的物体感觉会有些模糊，这一现象在绘画中也经常用来表现物体的纵深感。事实上，在绘画过程中，往往更加强调“近实远虚”。另外应注意的是，并非在所有的绘画过程中都要遵守“近实远虚”这一规则，在一幅作品中主与次的关系往往更为重要，主体物的实和次体物的虚是更好的视觉导向。

掌握了正确的透视，就可以在平面的媒介上表现出立体的效果。国外有很多的街头立体画就是运用了透视原理，在平坦的路面和墙面上表现出了令人真假难辨的立体效果，如图 2-20 所示。

图 2-20　街头立体画

六、素描的基础训练

1. 圆形物体的透视规律

在素描静物写生中，会涉及圆面及圆形物体的透视，那么圆形透视的正确画法为：先画一个正方形，画出两条对角线，再画两条十字交叉线，将与正方形相接的八个点连接成圆。

透视图中凡是变动了的线就称为变线，不变的线称为原线，要记住近大远小、近实远虚的规律。圆形透视中距我们近的半圆大、远的半圆小，弧线要均匀自然，两端不能画得太尖或太圆，如图 2-21 和图 2-22 所示。

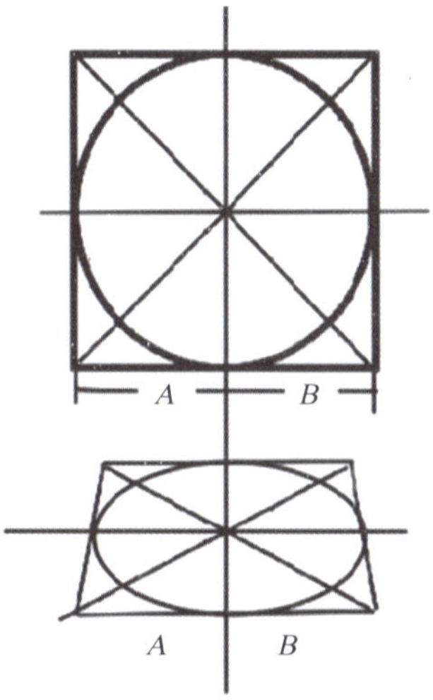

图 2-21　圆形面的透视图

(a) 错误画法　　(b) 正确画法

图 2-22　杯子的圆形透视图

2．静物的基本形与结构

在日常生活中，我们所接触到的物体形态虽然复杂多样，但都可以归纳成立方体、圆球体、锥体和柱体，这些简单的几何形体被称为基本形，如图 2-23 所示。而那些不规则的物体在表现形体结构时就需要进行整合，将其归纳成由多个几何形体构成的复杂体，复杂的瓷罐可以分析成由两个小圆柱体和一个大圆柱体构成。

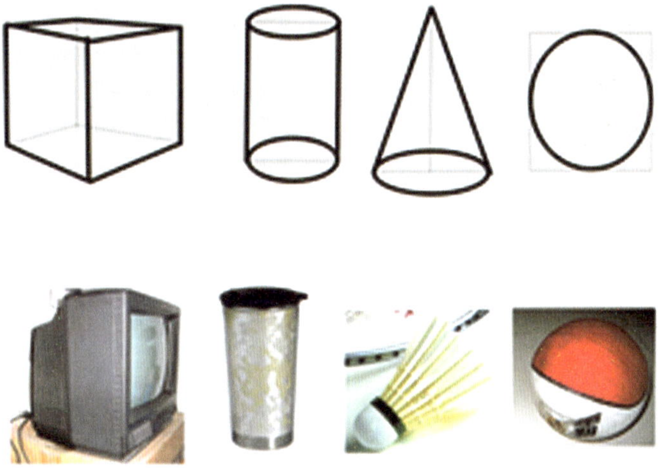

图 2-23　简单的几何形体

如图 2-24 和图 2-25 所示，这就是为什么在初学素描时要先从石膏几何形体开始练习的原因了。几何形体是一切其他形体的基本形，它如同七巧板一样，利用这些基本形可以拼出无穷无尽的形状。

图 2-24　瓷罐实物

图 2-25　瓷罐的形体分析

初学素描时可以从身边熟悉的感兴趣的东西开始画，比如水杯、碗、包、书、笔记本、闹钟、玩具、水果、蔬菜等，用简洁的线条来表现这些日常生活用品的造型。

3. 静物素描写生的步骤

在了解素描的一些基本知识和要求后，就可以进行素描的写生练习了。先从简单的静物开始，然后再到动物、人物、风景等，循序渐进，不断体会线条的表现力。

面对写生对象，首先要考虑的是画面的构图。构图也叫布局，就是如何把眼前看到的内容有组织地安排到纸上，根据内容决定是采用横式、竖式还是方形构图。下面画一幅“趴在盒子里的玩具熊”（图 2-26 和图 2-27）。具体步骤如下。

图 2-26　趴在盒子里的玩具熊（实物照片）

图 2-27　趴在盒子里的玩具熊（素描完成稿）

（1）根据对象的大小、高矮、宽窄确定构图，用淡淡的线条在纸上定出盒子及玩具熊上、下左右的位置，画出盒子及玩具熊的大体比例结构，如图 2-28 所示。

（2）进一步观察对象，明确线的定位，画出盒子的透视关系及简单明暗关系，再画出玩具熊的大体造型、五官位置及头部的朝向关系，如图 2-29 所示。

图 2-28　写生步骤 1

图 2-29　写生步骤 2

（3）在上一步基础上加深明暗对比关系，开始一些细部描写，从玩具熊的眼睛开始，同时注意调整造型及比例关系，随时记住从整体到局部，再从局部到整体的观察方法，如图 2-30 所示。

（4）全面开始局部刻画，从玩具熊的眼睛、鼻子、嘴巴到耳朵，再到手及嘴巴下的心形，画出相互之间的明暗关系及对比，初步表现出玩具熊及盒子的立体空间感，如图 2-31 所示。

（5）进一步深入刻画细节，重点刻画玩具熊的眼睛、鼻子等五官部位，画出盒子的前后虚实关系，表现出盒子坚硬及玩具熊柔软的质感对比关系，进行全面调整后完成，如图 2-32 所示。

图 2-30　写生步骤 3

图 2-31　写生步骤 4

图 2-32　写生步骤 5

4. 犀牛素描写生的步骤

（1）观察犀牛的基本形体特征，确定画面构图，起稿定出犀牛在画面上的大体位置与形状，如图2-33所示。

（2）保持观察中对犀牛的感受，快速画出动态线，确定大的动势，外形及基本比例及结构，如图2-34所示。

图2-33　犀牛素描1（李璐）

图2-34　犀牛素描2（李璐）

（3）具体表现犀牛的形体结构与身体特征，刻画犀牛的外貌与神态，勾画出局部特征，如图2-35所示。

（4）整体调整画面。重点刻画犀牛突出的特征，细节逐渐丰富之后，要从整体上进行协调，以保持画面形式与内容的完整与和谐，如图2-36所示。

图2-35　犀牛素描3（李璐）

图2-36　犀牛素描4（李璐）

第二节　简笔画概述

一、认识简笔画

生活中人们能看到的各种物体都是有形的，从绘画的角度看，形是由点、线、面组成。用最简约的点、线、面把物象的基本特征表现出来，这就是简笔画。

它简明、生动、活泼、幽默、传神，不注重写实，只求写意，是一种简单的绘画形式，是以极概括的线条和图形，抓住事物最本质的特征，省略不必要的细节，概括、迅速、准确地反映事物形象特征的一种绘画形式。图 2-37 和图 2-38 所示为动物简笔画。

图 2-37　刺猬简笔画

图 2-38　小狗简笔画

二、学习简笔画

1. 简笔画的造型元素

(1) 线包括直线、折线、曲线、波线、螺旋线、不规则曲线等。

(2) 面（基本形）包括方形、三角形、圆形、半圆形、梯形、不规则图形等。

(3) 点起辅助作用。

2. 简笔画的表现方法

(1) 运用基本形把物象作整体的概括，如图 2-39 和图 2-40 所示。

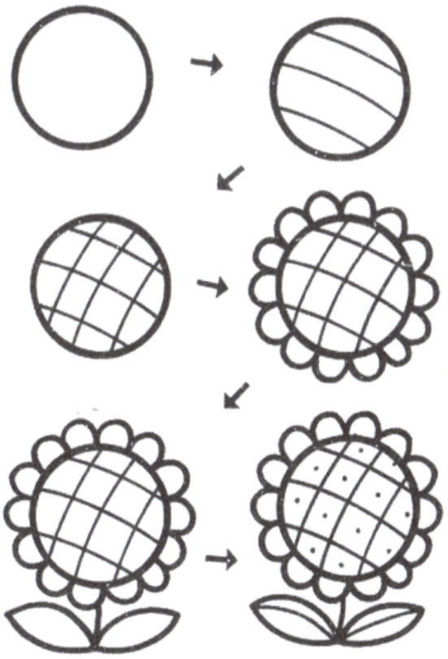

图 2-39　向日葵简笔画法

图 2-40　大象简笔画法

(2) 运用骨干线概括出物体的主要结构，如图 2-41 所示。

(3) 既运用基本形又采用骨干线进行描绘，如图 2-42 所示。

图 2-41　盆景花简笔画

图 2-42　房子简笔画

3．简笔画的造型要点

（1）选择恰当的表现角度。

（2）抓住基本外形特征和典型特征。

（3）注意比例与结构。

（4）把握动态与神态。

（5）安排恰当的运笔程序，如图 2-43 和图 2-44 所示。

图 2-43　圣诞树简笔画

图 2-44　人物简笔画

4．简笔画的训练内容

简笔画以我们身边熟悉的对象为训练内容，可以先从静物开始画，然后再到动物、人物、风景、故事场景等。具体可分为以下几大类。

（1）静物，包括水果、蔬菜、交通工具、日常生活用品等，如图 2-45 所示。

（2）动物，包括陆地爬行动物、水中鱼类、天上飞鸟等，如图 2-46 所示。

（3）人物，包括婴幼儿、成人、老人以及不同职业的人等，如图 2-47 所示。

（4）风景，包括树木、花草、建筑、城市街道以及乡村田野等。

（5）故事场景，用幼儿故事把以上的内容组织串联起来，这是简笔画的创作阶段。

图 2-45 水果简笔画

图 2-46 悠闲的猫

图 2-47 我帮爷爷提鱼篓

三、运用简笔画

作为幼儿园的教师，学习简笔画不仅是为了教幼儿画简笔画，更重要的是在幼儿园的各项教学及活动中运用简笔画，使其达到良好的效果。

简笔画的特点是“简”，不仅表现形式简，使用的工具也要简，在黑板上用写字的粉笔就可以画，彩色的、白色的都可以，所以在一些中小学的语文、数学、英语、物理、化学等课程上，有的教师在讲课中就运用简笔画来辅助教学，帮助学生理解，从而起到很好的教学效果。

幼儿园阶段的孩子对图形形象更敏感，更有兴趣，简笔画可以培养孩子的学习兴趣，帮助孩子理解故事、儿歌、诗歌等内容，能很快学会并容易记忆。幼儿园的简笔画用途广泛，还可以用来布置教室和墙饰，美化环境，为幼儿创造一个快乐美丽的游戏和学习的天地，如图 2-48 所示。

图 2-48 幼儿园墙面画

教学心得

幼儿涂涂画画是一种生命本能的需要，他们在绘画的游戏过程中，教师和家长请不要干扰，幼儿在游戏体验中使认知逐渐升级。

第三节　线描画概述

一、线描画概念

1．线描画定义

线描画是用线条画画，即单纯地用线对物体进行勾画的绘画表现形式之一，同时也是儿童画中最基本的表现形式。在线描中，线条可以有许多变化，如长短、粗细、曲直、轻重、疏密、刚柔和韵律等。

线作为面与面的衔接或物象边沿的绘画线条，是人类观察世界、对话世界的直觉符号，是中国画最基础的绘画语言和构成形式；同时，线也是表达幼儿幻想的心理，培养幼儿观察力和创造力的表达方式。线描对培养幼儿的想象力和创作力具有很大作用。

2．幼儿线描装饰画

幼儿线描装饰画简称线描画，简单地说，它是运用各种不同的笔和纸，通过点、线、面的形式描绘对象的一种绘画形式。具有装饰、美化、组合的特点。线描装饰画与线描写生是完全不同的两种绘画形式。线描装饰画更注重主观的想象和感受，可以根据个人的意愿突破客观的限制，装饰主观表达的画面，表现了幼儿的童趣，同时又体现了线描黑白变化的对比统一，如图2-49所示。

图2-49　幼儿线描装饰画

幼儿线描装饰画是一种利用最少的作画工具就能随时随地进行的绘画活动，因此，在幼儿园各个年龄的班级中都可以开展，是幼儿非常喜欢的绘画表现形式之一。

教学心得

关于线描

线描画：随意性强，主观感受较多（适合4岁前涂鸦期的幼儿）。

线描装饰画：主观和客观相结合，但更偏重于主观性（适合4～5岁的幼儿学习）。

线描写生画：注重物象的客观描绘，能注意表现出对象的特征、动态和生活环境（适合6～12岁青少年），如图2-50和图2-51所示。

图 2-50　书包线描写生（李晓雨）

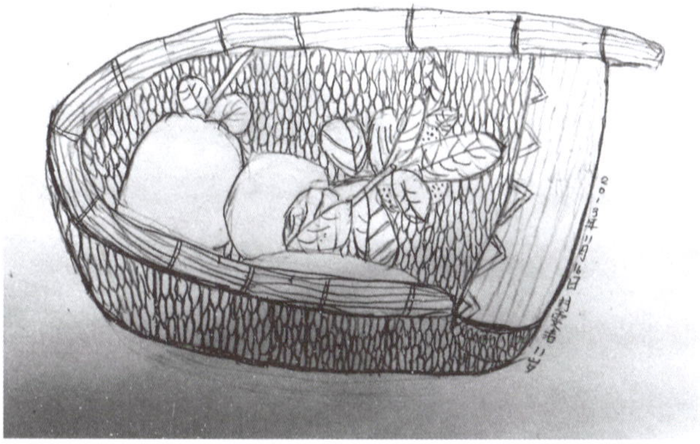

图 2-51　笸箩线描写生（封文洁）

二、线描在幼儿园教学中的体现

在幼儿园美术教学中，线描是独立的绘画形式，又是造型基本功的锻炼手段。幼儿可以运用自由的线条表现自己的所见、所知、所想，自由表达，不受颜色的局限。幼儿线描课的表现形式也多种多样，有挂盘、瓶画等，可以在纸上表现，也可以直接画在处理过的瓶子上，大大提高了幼儿对绘画的兴趣，如图 2-52 和图 2-53 所示。

图 2-52 是幼儿园的孩子正在画线描画，展示架上放置了很多以线描形式装饰的大大小小的瓶子，用蓝色描绘更能展现青花瓷图案的美丽。

图 2-53 所示为线描装饰的花瓶、盘子，借鉴古代青花瓷的造型和图案形式，从而进行再创作，充分展示幼儿的创造力和想象力。

图 2-52　幼儿园线描展示角

图 2-53　线描画装饰画

三、线描的表现内容

线描画在表现内容上可以分为静物、动植物、风景建筑、人物等内容。依据各自内容的不同特点及要求加以表现。

（一）静物线描画

1．静物线描画的目的

静物线描画的目的是锻炼幼儿的观察能力、动手能力和形象思维能力，充分发挥幼儿的创造力和想象力，完善幼儿处理画面的能力。在静物的选择、摆放和画面处理等方面力求让孩子在轻松、活泼的氛围中愉快地完成作品，有计划、有步骤地进行。

2．静物线描绘画步骤

（1）画轮廓。

（2）画细节（可近距离观察静物）。

（3）装饰（使用点、线、面装饰）。

3．静物线描画的要求

（1）简单的写实，大胆的想象。

静物画在用纸上很简单，主要以黑、白、灰对比为主，常用的有素描纸、彩色卡纸和复印纸等，用炭笔、钢笔、尼龙水笔、签字笔、记号笔、中性笔等直接画，不要用铅笔、橡皮，线条要稳、准、流畅。画静物时要仔细观察，抓住静物特征，把能看得清楚的都画出来，透视不做要求或少要求。

（2）静物的选择应该适合儿童的年龄特点。

有意识地选择色彩鲜艳、形状简单的蔬果、玩具等静物摆放。静物的摆放应按照高低错落有序的搭配，有利于幼儿的整体观察，使画面处理呈阶梯状递进，富于变化；也有利于画面的合理构成，这样更容易分清层次，进入状态，如图2-54和图2-55所示。

图2-54　静物线描写生（邹佳瑀）

图2-55　静物线描装饰画（陈晓伟）

（二）动植物线描画

动植物线描画可以从绘画形式和内容上分为两大类，即动植物线写生和动植物线描装饰画。图 2-56 至图 2-58 所示为植物写生步骤，通过写生练习，可以提高造型能力。在幼儿园线描教学中，涉及应用比较多的还是后者，前者可以锻炼幼儿的手眼协调能力和观察能力，后者可以提高幼儿的想象力。

图 2-56 植物写生照片

图 2-57 植物写生步骤 1

图 2-58 植物写生步骤 2

初次画动物线描会比较困难，常因心情急躁画不下去。教师可以通过以下方法帮助幼儿克服这些毛病。

（1）要加强幼儿的信心，选择外形特征明显的大动物先画，如犀牛、斑马、鸵鸟、长颈鹿等。画之前要先观察动物的外形特征，做到心中有数。例如，鸵鸟身体较大，呈半圆形，上面盖着很厚的羽毛，由于擅长在沙漠里奔跑，两条腿长得粗壮有力。它脖子长，脑袋小，上面长满像刺一样的短毛。

（2）画画过程中，不能看一眼画一笔，要先观察后凭记忆画，当画动态变化大的动物时，要先观察它，记住活动规律，若动态变了可以等它复原时再画，要学会快速抓取动态、简化形象的方法，只画外形特征，可以去掉次要细节。

（3）鼓励幼儿在基本形的内部添加图案，进行创作，以此激发幼儿的想象力，如图 2-59 所示。

（三）风景线描画

画风景建筑一般从单个建筑物开始，如一座碑、一座塔、一座桥、一座房屋等，这样的内容比较单纯，易于掌握。以后逐渐过渡到画较复杂的景物，风景写生内容包括如树、民居、建筑等，如图 2-60 所示。

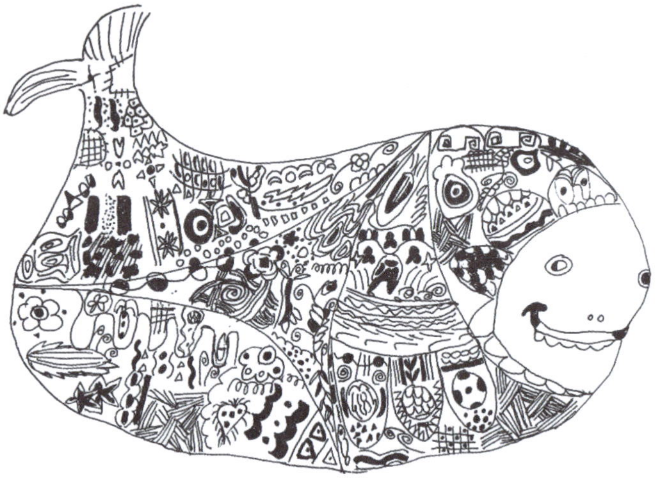

图 2-59　动植物线描装饰画（李沛然）

图 2-60　风景线描画（孟红霞）

（四）人物线描画

人物线描首先要把握人物的形体特征。可以夸张某一特征，不必过分追求写实表现。其次，要抓住人物的动态线，人物的动感才能表达出来。幼儿画人物线描要避免简朴化，应该要求并引导幼儿多观察分析人的姿态、面部表情和衣纹的变化等因素，要善于捕捉对象最感人、最吸引你的地方，这个感动你的因素就是这幅线描的灵魂，如图 2-61 所示。

图 2-61　《叼烟斗的加歇医生》（凡 · 高　荷兰）

教学心得

幼儿线描的基本原则

（1）注重幼儿的主观想象和感受，充分表达幼儿的童趣、灵性和丰富的想象力。

（2）具有游戏性、随意性、象征性和装饰性。

（3）将具象和抽象相结合，装饰与构成相结合，通过线性的排列、组合对幼儿进行美的感性训练，使他们掌握线描的基本功。

（4）体现出黑白分布的巧妙配置及线条变化所形成粗细曲直的节奏与韵律之美。

第四节　幼儿园教学案例分析与作品赏析

一、大班美术活动：《我爱天安门》

（一）设计意图

幼儿美术教育活动是幼儿艺术活动中的一部分，是幼儿园教学工作中不可缺少的重要组成部分，是培养幼儿观察能力、思维能力、想象力、审美力以及创造性思维，使之得以全面发展的重要手段。

《幼儿园教育指导纲要》中指出，引导幼儿接触周围环境和生活中美好的人、事、物，丰富他们的感性经验和审美情趣，激发他们表现美、创造美的情趣。为了培养幼儿爱国的情感，设计了大班美术活动："我爱天安门"。

（二）活动目标

（1）幼儿能运用绘画的方式表现天安门节日场景。

（2）幼儿能积极参与美术活动，在活动中获得愉快的情感体验。

（3）幼儿能大胆地介绍自己的绘画作品。

（三）重、难点

（1）重点：幼儿能运用绘画的方式描绘天安门的节日场景。

（2）难点：幼儿能富有个性并大胆地绘画天安门。

（四）活动准备

（1）知识经验准备。在开展主题活动"快乐的国庆节"中了解在国庆节那天会有很多人去天安门游玩，并能认真地观察天安门的颜色及构造。

（2）物质资料准备。各种天安门的图片、范画、绘画用纸、水彩笔及油画棒。

（五）活动过程

1. 开始部分

教师引导：小朋友，你们国庆节的时候去过天安门吗？那你们印象中的天安门是什么样子。我们今天就来画一画你心中的天安门，好不好？

2. 基础部分

（1）与小朋友一起讨论天安门的样子，并讨论天安门的组成部分是什么形状；仔细观察每个部分是什么颜色。

（2）激发幼儿作画的兴趣，让幼儿自己想象并设计在天安门会出现什么场景。

（3）幼儿作画，教师巡回指导。

① 引导幼儿根据自己的想象，大胆用色，丰富画面。

② 鼓励幼儿按自己的意愿作画。

③ 尽量设计出与别人不一样的场景，发挥幼儿想象力与创造力。

（4）作品展示。将幼儿的作品一一在黑板上展示出来，将其中比较有特点的绘画作品请小作者讲一讲他的创作灵感。

3. 结束部分

（1）幼儿自由参观绘画作品，可以请小伙伴提一些好的建议。

（2）在活动区为幼儿提供废旧物品，让幼儿尝试用其他形式来制作天安门，提高幼儿的动手能力，开发幼儿的想象力。

教师：小朋友们今天画的天安门都非常好，老师这里还准备了一些废旧物品，你们想想，如何利用这些纸盒做一个立体的天安门，好不好？

师生一起操作。

二、小班美术活动：有趣的线条画

（一）设计依据

小班幼儿对美术活动有其天性的爱好，常常感到新奇有致，但由于他们的注意力不能持久，经不起挫折，因此需要教师运用一些游戏、故事等形式吸引他们的注意力。在平时的观察中，有些幼儿对妈妈的烫发极为感兴趣，妈妈的头发是弯弯的、卷卷的，特别招幼儿的喜爱。由此设计了“有趣的线条画”绘画小鱼身体的美术活动，让幼儿感受波浪线条的特点。

（二）活动目标

（1）初步了解波浪线。

（2）尝试用线条大胆绘画，喜欢绘画。

（三）重、难点

（1）重点：体会波浪线的画法。

（2）难点：幼儿能够将波浪线画得比较流畅。

（四）活动准备

（1）经验准备：有绘画的基础。

（2）物质准备：纸、水彩笔、PPT 等。

（五）活动过程

1. 开始部分——欣赏小鱼的图片

教师：小朋友你们看看小鱼的身体都是什么样子的？

幼儿回答：有鱼鳍、鱼鳞。

教师：你们看老师手上拿着的这张小鱼还没有穿衣服，你能为她添上漂亮的鱼鳞衣服吗？

2. 基本部分

（1）教师进行示范，幼儿欣赏。

① 教师在空白的小鱼身体上示范波浪线的画法。

教师：小朋友要仔细观察老师怎样画波浪线，看看，像不像一个小门、一个小门连接起来的样子。

② 教师示范涂色。

教师：画好后，小朋友可以给小鱼涂上漂亮的颜色。

③ 教师发给每个幼儿一张画有小鱼图画的画纸。

（2）幼儿开始绘画，教师巡视辅导，强调要在轮廓内画。

① 能力强的幼儿，教师可以鼓励他们尝试波浪线以外的曲线画。

② 能力弱的幼儿，教师要有针对性地给予示范或手把手画，帮助幼儿完成。

③ 添好波浪线后，发给幼儿颜色笔，为小鱼涂色。

3. 结束部分

教师点评：小朋友围坐在一起，同伴间相互欣赏互评，教师有针对性地进行点评。

最后，以小鱼的舞蹈结束活动。

三、以《母与子》为主题创作一幅线描画。

内容：以动物为对象，搭配植物作背景，添加装饰。

1. 任务要求

（1）欣赏以母爱为主题的动物图片，如图 2-62 所示，设计表现的对象、构图，画面的整体布局等。

（2）以小组为单位，5 ～ 7 人一组。

（3）装饰图案选用民族图案，如青花、剪纸、刺绣等形式，如图 2-63 和图 2-64 所示。

（4）教师引导，欣赏线描创编画。

（5）分组完成线描创编画。

图 2-62　动物母爱图片

图 2-63　剪纸图案

图 2-64　动物线描创编

2．任务分析

分组讨论创编形式、图案。教师可以通过大量装饰图案及民间美术引导学生打开思维，在设计创编图案时，可以采取多种形式，比如剪纸的感觉、刺绣、青花以及木刻的效果，充分发挥想象力。

3．知识准备

收集具有民族特点的图案，以及动物母爱的图片。

4．材料准备

准备素描纸、铅笔、橡皮、刮画纸、材质等。

教学建议

由于幼儿爱动、爱玩，教师可以采用图画游戏进行绘画训练，这种形式对幼儿来说是很好的启蒙教育。通过绘画游戏，生动形象地传授知识，启发孩子的智慧，丰富孩子的想象力。下面介绍几种绘画游戏，供参考。

1．数字游戏法

先让幼儿写一个2，然后把2的尾巴拉长一点，再在上方添加一笔，一个鸭子就跃然纸上了。又如，用数字画人头像等。用这种游戏法画画，幼儿会乐于接受，容易引起孩子的注意，从而激发孩子学画的积极性。

2．故事游戏法

幼儿非常喜欢听故事，比如“小蝌蚪找妈妈”“龟兔赛跑”“小猫钓鱼”“小鹅学游泳”等，故事中的动物形象都是幼儿入画的内容。如教孩子画小兔，家长可给孩子讲“小兔的故事”：“从前兔妈妈有三个孩子，一个叫红眼睛，一个叫长耳朵，另一个叫短尾巴……”。小兔的基本特征通过这三个小兔的名字就概括出来了。教师边讲故事边教幼儿画画，这样幼儿既听了故事，又学会了画小兔，还受到了教育。

3．猜谜游戏法

先不说出所要画的内容，先在纸上画出所要画的基本形状，不画细节，让幼儿猜猜画的是什么。如画小猫的头，可先画出一个圆，让幼儿猜，幼儿猜画苹果，教师却画上两只眼睛，孩子猜画人，教师又画上了动物的鼻子和嘴加上几根胡子，幼儿终于猜出画的是只猫。这种神秘感可使幼儿产生好奇，情绪高起来。这种游戏可以由大人画孩子猜，也可以孩子画大人猜。

4．变色游戏法

先找三个小瓶，分别装上红、黄、蓝三种颜色的水，再找一个空瓶，先倒入少量的红色水，然后再倒入同量的黄色水，并搅拌一下。不一会儿，幼儿会发现两种色水混合又变成橙色水了。用同样方法把红色水和蓝色水混合，黄色水和蓝色水混合，会发现它们分别变成紫色水和绿色水，幼儿也可以亲自操作，这样幼儿在玩中就了解了绘画中简单的色彩知识了。

5．手影游戏法

就是借助灯光用手做各种姿势，通过投影让幼儿观察墙上所反映的形象，这样会发现影像中有的像小狗，有的像大马，还有的像老鹰，然后让幼儿模仿，并学画这些动物。这样，幼儿在玩中画，画中玩，既锻炼了双手的灵巧，又锻炼了幼儿的观察能力。

6．吹画游戏法

把调好的颜色水泼或洒在图画纸上，然后用一根细塑料管，让幼儿尽情地去吹散这些颜色水，吹开后，颜色水呈自由放射状，一幅神奇、自然的吹画就呈现出来。

7．滚画游戏法

让幼儿用废纸揉成团，蘸上颜色后在纸上来回滚动。滚出来的花纹像大理石花纹一样。教师可以鼓励幼儿收集一些不同的材料，如木珠、瓶盖、螺帽等，蘸上颜色印在纸上即成美丽的图案画。

8．补缺游戏法

先把物象的主要形体画出来，让幼儿添画次要部分和细节。如画熊猫，先把熊猫的外形画出来，让幼儿补充眼睛或耳朵。又如画人，教师先画一边的眼睛、耳朵，让幼儿添加另一边的眼睛和耳朵，然后再画上鼻子、嘴，人就画成了。要注意关键的地方由教师画，画时要强调一下，以便引起幼儿的注意。

9．改错游戏法

将所画的物象故意错画或漏画幼儿不太注意的部位，然后让幼儿通过观察，把画错的地方或漏画的地方改过来或添画上，如将小兔的尾巴画长了，小鸡的嘴画成小鸭的嘴等。之后给幼儿几分钟观察时间，让幼儿改过来或添画上，鼓励幼儿比比谁找得又快又准。通过这种游戏，可以锻炼幼儿的观察力，培养他们认真、细致和耐心的习惯。

10．图画捉迷藏游戏

在一张纸上画上一头大象，不画鼻子，让幼儿先看准了位置，把眼蒙起来，再去加鼻子。往往幼儿会添错位置，出现意想不到的效果。

11．找舞伴游戏

先用蜡笔或油画棒画出种种颜色的线条交织在一起，分成若干组，其中每一组都有一对不同颜色的“舞伴”，把它们的颜色线混在一起，就谱成另外一种颜色。将画出的各种各样图案的卡片，让幼儿找一找，哪种图案是一对，舞伴就找到了，问一问幼儿两种颜色合在一起会变成什么颜色。

以上游戏不要逼着幼儿去做，要引导幼儿参与，使幼儿自觉做这些游戏，才能产生较好的效果。

本章小结

幼儿线描画教学，一定要结合幼儿的兴趣进行，通过幼儿喜爱的玩具、汽车、动画人物等入手，从兴趣出发，将会收到较好的效果。首先要让幼儿学会欣赏，引导幼儿观察，注重积累、大胆想象；其次是技法递进、先易后难；最后是创作构思、突出主题。这种多元化的教学形式，能大大提高幼儿线描画创作能力。

让幼儿养成用自己的眼睛去发现事物的习惯，增强自身感受和体验。如画《春天》前，可以建议幼儿去观察大自然，并收集各种观察到的景象。在创作时先引导幼儿观察单个的特征、形状，再引导观察不同的颜色、形状、花纹，观察花纹间的排列、放置、重叠、遮掩等。由于在作画之前的观察，让幼儿积累了感性经验，幼儿在绘画中表现出更丰富多彩的内容。

讨论题

（1）在幼儿园绘画课上，教师如何设计导入部分吸引幼儿的情趣？

(2) 思考素描、简笔画、线描的关系在幼儿园教学中的体现?

实训课堂

1. 设计一个幼儿园线描课活动教案

当前,我国将文化自信提升到前所未有的战略高度,培养大学生文化自信是高校人才培养的重要方面。作为学前教育专业的学生,如何对其加强中华优秀传统文化教育,引导学生更加全面、准确地认识中华民族的历史传统、文化积淀、基本国情,认清中国特色社会主义的历史必然性,坚定走中国特色社会主义道路,实现中华民族伟大复兴的理想信念,具有重大而深远的历史意义。

结合文化传承,结合民间美术中青花瓷的图案,以幼儿园大、中、小班儿童线描课为例,设计一个幼儿园线描课活动教案。

2. 模拟幼儿园美术教学

通过导入、讲课过程、结束部分,使学生在模拟教学中既提高了兴趣,又掌握了幼儿园美术课讲课的基本规律和要求,同时提高了组织能力与教学能力。

参考视频(扫描二维码可观看)

分析素描里的黑、白、灰

球体画法

实训课堂——幼儿园美术课《我给小鱼穿新衣》导入部分

第三章

趣味色彩

学习导语

色彩基础教学在美术专业中占有重要的地位。传统单一的色彩教学模式已不能满足学前教育专业的发展需要。学前教育专业色彩教学应呈多元化表现与训练,应注重学生的主观表现能力和创造思维的培养,拓展学生的想象与表现空间,从而真正达到驾驭色彩的目的。

尽量学会用幼儿的眼睛去观察、理解色彩,是幼儿教学最有力的武器,使学生的创造性思维与主观色彩表现得到最大的发挥和展现。

教学目标

(1) 了解色彩的基本常识。

(2) 能够进行色彩创意,运用色彩创作幼儿装饰画。

(3) 运用色彩简单装饰幼儿园环境。

色彩是绘画的形式因素,是艺术表现的语言之一,且具有独立的审美价值。怎样去认识和掌握色彩,怎样使色彩在绘画中发挥更好的作用,成为学习色彩绘画者要解决的首要问题。本章通过介绍色彩绘画的构图原则与风格,讲解色彩绘画光影与色彩的关系,了解各种色彩绘画的光色种类,在色彩绘画作品中学习它的规律性。

扩展阅读

牛顿发现了光色的奥妙

在读大学期间,牛顿就对日光发生了浓厚的兴趣。雨后天空出现的七色彩虹让牛顿从中受到启发,认定日光是由红、橙、黄、绿、青、蓝、紫七种颜色的光组合而成,而不是当时科学界认为的日光是由单一白光组成。为了证实自己的判断,牛顿在研究之余,冥思苦想,试图找到一种简单可行的实验方法,以达到证明自己观点的目的。

一次,牛顿在大街上散步时,在一家店铺里他看到了价值仅几便士的玩具三棱镜。

当他不经意地转动手中的三棱镜时，三棱镜的镜面竟然将日光折射分散成了像彩虹一样的七色光线。这一偶然发现让牛顿恍然大悟，欣喜若狂。回到家中，牛顿将一块木板的中间打了一个小孔，然后将带孔的木板竖立在房间内的地板上。木板的后面是整洁的墙面，木板的前面是可以射进日光的窗户。

牛顿手拿买来的玩具三棱镜，让一束从窗口射进的日光照射在三棱镜的镜面，之后牛顿旋转改变镜面与光线的照射角度，使日光折射分散成七色光线，并让七色光线照射在木板上的小孔处，如图 3-1 所示。

这时，只有一种颜色的光透过木板的小孔后照射在墙面上，并形成一个与通过小孔的光线颜色相同的点。就这样，牛顿通过努力，凭借一个三棱镜、一块木板和一面整洁的墙面，完成了一个重大突破性的科学发现。

图 3-1 牛顿的光实验

第一节 色彩知识

人类对色彩的感知与人类自身的历史一样漫长，而有意识地应用色彩则是从原始人用固体或液体颜料涂抹面部与躯干开始的。在新石器时代的陶器上已可见到原始人对简单色彩的自觉运用。在色彩的应用史上，装饰功能先于再现功能而出现。

人类制作颜料是从炙烤动物肉时流出的油与某些泥土的偶然混合开始的，逐渐发展为以蛋清、蜡、亚麻油、树胶、酪素和丙烯聚合剂等作颜料结合剂。在古代中国、印度、埃及、美索不达米亚，颜料多用在家具、建筑内部、服装、雕像等的装饰上。

早期中国绘画上的色彩主要是轮廓和形象的修饰手段，用色简练单纯。古罗马的墙面、地板镶嵌上则已有丰富的色彩。从文艺复兴时期开始，艺术家们不断探索新的色彩材料，凡·爱克兄弟等在“油 - 胶粉画法”的基础上改进而形成了亚麻油等调制的油画颜料，为油画的产生提供了媒介材料。自此，绘画上色彩表现的手段大为丰富。

尽管人类的色彩应用已有几千年的历史，但独立意义上的科学色彩学研究却晚于透视学、艺术解剖学而到近代才开始，这是因为色彩学的研究须以光学的产生和发展为基础。文艺复兴时代的画家为了取得自然主义的表现效果，曾经研究过光学问题，注意到了色彩透视问题。直到 17 世纪 60 年代，牛顿通过实验得出白光是由不同颜色光线混合而成的结论之后，颜色的本质才逐渐得到正确的解释，由开普勒奠定的近代实验光学为色彩学的产生提供了科学基础。

在自然中，我们看到各种各样的现象，如红色使我们感到可爱、温暖；绿色使我们感到心情舒畅；蓝色使我们感到冷静；金黄色使我们感到兴奋和精神饱满。在我们生活的环境中，随时随地可以看到各种各样的色彩变化和色彩现象，这些都在视觉上给人一种美的感受。人类之所以能见到自然界的各种绚丽多彩，以及千变万化物体的色彩，主要是由于光的照射。

色彩的产生与光密不可分，“光线、物体和眼睛”是色彩产生的必要条件，光是色之母，色彩是光之子。作为世界上最常见的光——太阳光，是色彩的最大制造者，眼睛所感受到的色彩缤纷的世界，都是因为受到光线的作用。美妙的色彩如同变化万千的音符，给人以美的享受。

凭借光人眼才看到了物体的色彩，如果将苹果、香蕉置于一个没有任何光亮的地方，那我们只感觉到物体的存在，闻到它的气味，至于它们的色彩就看不见了。由此可见，色彩是由于光作用于自然界的各种物质而产生的。没有光就没有色彩，所以光是色彩之源。

光作用于自然界的各种物质而产生了色彩。同样也是由于光作用于自然界的物质，再由不同性质的物体经过不同程度的吸收而反射在视觉上，引起视觉细胞兴奋，通过神经达到支配大脑后部的视觉中枢，因而产生了明度和色彩感光，不同波长的光分别给人以不同的色彩感受。

研究绘画色彩是以太阳光为标准去解释的，阐述光与色的物理现象。太阳光是由各种不同波长的光组成的，其中有一部分是人眼可以看到的称为可见光。太阳光中还有许多人眼看不见的光波，如红外线、紫外线、X 射线等。色彩学主要研究可见光。

英国物理学家牛顿在 1666 年通过三角棱镜研究色的现象，科学地证实了太阳光谱的可见部分中包含着红、橙、黄、绿、青、蓝、紫七种色光。在这七种色光中，蓝色、青色区别很小，青包括蓝，所以人们皆称之为六种色光。

光谱用的六种色光是反映一切物体色彩的科学依据。六种色光中，按顺序排列，则红色光的波长最长，橙色次之，黄绿青再次之，紫色光的波长最短。红色光传得最远，传说人类最早发现的就是红色。我们把红、橙、黄、绿、青、蓝、紫定为标准色，绘画上的用色皆以六种色为依据。

自然界的物体为什么会呈现出各种不同的色彩呢？自然界中的各种物体是光的反映体（即受光体），由于各种物体的质量与所含元素不同，它们对阳光中所含各种色光都具有选择性地吸收与反射，一部分光线被较多地吸收，另一部分色光又被较多地反射出去，色光混合起来就构成了该物体所呈现的颜色，也就是人用肉眼所见物体所呈现的颜色。

例如，凡反射红色光而吸收橙、黄、绿、青、蓝、紫色光的，我们看到的便是红色光；反射黄色光而吸收其他色光，我们看到的便是黄色；以此类推。对于阳光中各种色光全反射的物体是白色，全吸收的是黑色。由此可见，色彩现象的产生来自两个方面：一方面是光作用于自然界各种物体；另一方面是自然界各种物体对各种色光的吸收和反射。

自然界物质的构成是复杂的，那么光与色的关系也是极为复杂的。研究光与色的关系，表现光与色的关系，是绘画与设计色彩中的重要内容。进行色彩写生时，就需要把光与色紧密结合起来去观察分析，并努力做到真实而生动地表现对象的色光效果。

1. 光源色

光源色指发光体所发出的光线的颜色，也就是光源的颜色。绘画色彩研究光源主要有自然光和人造光两大类。自然光主要有日光、月光、星光、天光等，人造光主要有火光、灯光、荧光等。这些光都是可见光。此外，还有一些如 X 光、红外线、紫外线这些肉眼看不见的光，对我们的绘画写生没有什么作用。绘画中采用的主要是可见光。

不同的光源投射在物体上会使物体的固有色产生不同的色彩感觉。在现代舞美灯光中，会发现同一环境中的物体，在不同色光的照射下，会产生完全不同的色彩效果，由此可见，特定的光照条是决定物体色彩的重要因素。

在日常生活中，光有多种来源，色相偏冷的有日光灯光、月光、电焊弧光等，较暖的有白炽灯光、火光等。即便是太阳光，一天之中早晨、中午、傍晚这些时间上的差异以及照射地球角度的不同也会对景物的色彩产生不同的影响。

太阳光的直接照射与漫射光（阴天时，大量水汽凝结成更大的水粒，阻碍着阳光的色光通过，经过无数次折射与反射之后，才有极微弱的一部分阳光通过，称为漫射光）形成强光与弱光。光线强时，物体色会提高明度，其色彩倾向于纯度，同时也会产生变化；光线弱时，物体明度会降低。

在写生时，首先要判断光源色的方向、冷暖，分析观察物体色彩在光源色照射下所发生的具体变化，如同一建筑物在早晨、中午、傍晚不同光线照射下，或是在阴天、夜晚等特殊光线下，会呈现不同的色彩变化，理解这种因光源色的变化而变化的色彩关系，才能区别地画出不同时间环境气氛中的景物。图 3-2 所示为蜡烛的光。

静物的写生大都是在室内进行，室内光照基本上是漫反射，相对稳定的光照便于对物体色彩进行全面细致的研究。而室外写生光线变化快、光源色对物体色彩的影响也显而易见。印象派画家莫奈以草垛为表现内容，一天之内画出侧光、顺光、逆光等不同光源色变化的作品数张，虽然有些极端，却体现了画家对光源色变化、对物象色彩影响的深刻探索和追求。

2. 固有色

物体本身固有的颜色，指物体在白光或漫射光照射下所呈现的颜色，就是平时所讲天是蓝色的，云是白色的，红旗是红色的，草地是绿色的。这些蓝的、白的等其实就是指物体的固有色。“固有色”是绘画中一个固有的专用名词，从光学的角度来讲物体是没有固有色的，是光给予了它颜色，如图 3-3 所示。

图 3-2　蜡烛的光

图 3-3　花朵的固有色

对固有色的把握，主要是准确地把握物体的色相。习惯上，把白色阳光下物体呈现出来的色彩效果总和，称为固有色。严格地说，固有色是指物体固有的属性在常态光源下呈现出来的色彩。由于固有色在物体中占有的面积最大，所以对它的研究就显得十分重要。

一般来讲，物体呈现固有色最明显的地方是受光面与背光面之间的中间部分，也就是素描调子中的灰部，称为半调子或中间色彩。因为在这个范围内，物体受外部条件色彩的影响较少，它的变化主要是明度变化和色相本身的变化，它的饱和度也往往最高。

3．环境色

物体的固有色受环境的影响所产生的色彩关系，称为环境色。物体表现的色彩与光源色、环境色、自身色三者颜色混合而成。自然界的物体都不会是孤立存在的，它总是处于一定的环境之中。它们的色彩，也即它们的固有色，都将受到环境的影响，而产生一些色彩变化。所以，在研究物体表面的颜色时，环境色和光源色必须考虑。环境色在摄影构思构图、影视作品创作、装修设计、酒店餐饮娱乐界等显得十分重要。

在设计时一定要考虑光源的颜色、环境色的颜色、物体的颜色，自然界物体呈现的颜色和在这些环境中呈现的颜色截然不同。例如，在摄影中，若不考虑环境色，人物面部的颜色可能是青色或者土黄色（病态感），食品若放置在红光和紫色的环境里，呈现的颜色有可能十分可怕或者影响人的食欲。

物体表面受到光照后，除吸收一定的光外，也能反射到周围的物体上。尤其是光滑的材质具有强烈的反射作用。另外，在暗部中反映较明显。环境色的存在和变化，加强了画面相互之间的色彩呼应和联系，能够微妙地表现出物体的质感。也大大丰富了画面中的色彩。所以，环境色的运用和掌控在绘画中非常重要，如图 3-4 所示。

图 3-4　环境对物体色彩的影响

从理论上讲，环境色对物体的影响是全方位的，而实际上由于光源色的强度远胜环境色的影响，因此环境色对物体受光面的影响是微乎其微的，相比较而言，环境色主要影响到物体的暗部，也就是反光部分。

质地光滑的浅色物体对环境色的吸收与反射较明显，如金、银、不锈钢及玻璃制品等反光色彩基本上就是环境色，而陶器、竹木制品、亚麻、丝绒等质地粗糙或颜色深的物体，对环境色不敏感。认识物体的环境色并不是件很难的事。

同光源色、固有色相比，环境色对物体的影响是较小的，只是因为环境色反映出该物体所处的特定环境，以及它与周围物体的有机联系，才使环境色成为写生中色彩表现的一个研究课题。对环境色的表现难点在于掌握它的明度与纯度。物象周围的环境越复杂，它的变化越不易掌握。恰到好处的环境色表现，会使画面色彩显得丰富完整。

固有色、光源色、环境色三者相互联系、相互影响、相互制约而存在。三者也是色彩画中认识色彩的基本概念。初学者在此问题上，往往容易产生一些偏向，如只看到固有色，所以只用固有色的深浅来表现对象，而忽视光源色和环境色的对物体的客观影响。要么就是过分地强调色彩的变化，而忽视了固有色的客观存在。

扩展阅读

色彩感知的重要器官

眼球是人们感知色彩的器官，晶状体是眼球中重要的屈光间质之一。它呈双凸透镜状，前面的曲率半径约 10mm，后面的约 6mm，富有弹性。晶状体的直径约 9mm，厚 4 ~ 5mm，前后两面交界处称为赤道部，两面的顶点分别称为晶状体前极、后极。

晶状体就像照相机里的镜头一样，对光线有屈光作用，同时也能滤去一部分紫外线，保护视网膜，但它最重要的作用是通过睫状肌的收缩或松弛改变屈光度，使看远或看近时眼球聚光的焦点都能准确地落在视网膜上。

晶状体由晶状体囊和晶状体纤维组成。随着年龄的增长，晶状体核逐渐浓缩、扩大，并失去弹性，这时眼的调节能力就会变差，出现老视。与此同时，在老化的过程中，晶状体也逐渐变黄，影响人眼对于色彩的判断，同时晶状体是一个天然的 UV 镜，现代的试验已经证实人类的视网膜可以感受到紫外线，但是人眼的晶状体将其过滤掉了，如图 3-5 所示。

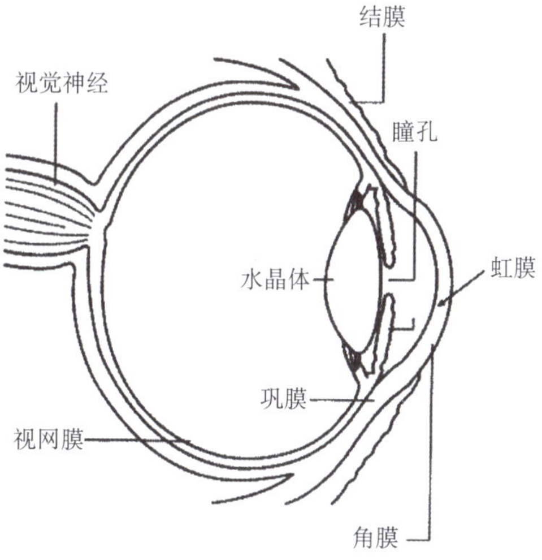

图 3-5　人眼球结构示意图

第二节 调 色 原 理

一、色彩属性

色彩属性也即色彩的三要素，即明度、色相、饱和度。色彩可用色调（色相）、饱和度（纯度）和明度来描述。人眼看到的任一彩色光都是这三个特性的综合效果，这三个特性即是色彩的三要素，其中色调与光波的波长有直接关系，亮度和饱和度与光波的幅度有关。

1. 色相

色彩是由于物体上的物理性的光反射到人眼视神经上所产生的感觉。色的不同是由光波长的长短差别所决定的。作为色相，指的是这些不同波长的色的情况。波长最长的是红色，最短的是紫色。把红、橙、黄、绿、蓝、紫和处在它们各自之间的红橙、黄橙、黄绿、蓝绿、蓝紫、红紫这六种中间色——共计 12 种色作为色相环，如图 3-6 所示。

图 3-6 十二色相环

在色相环上排列的色是纯度高的色，称为纯色。这些色在环上的位置是根据视觉和感觉的相等间隔来安排的。用类似这样的方法还可以再分出差别细微的多种色。在色相环上，与环中心对称，并在 180° 位置两端的色称为互补色。

2. 明度

明度指色彩的明暗、深浅、浓淡的程度。明度一般包括两种情况。色由于光照的强弱不同所产生的明暗差异，如强光照射下的红是淡红、浅红，弱光照射下的红是深红、暗红。红、橙、黄、绿、青、蓝、紫七种标准色之间也有明暗度的差异，如果将七种标准色拍摄成黑白照片，就可以看到黄色明度较强，仅次于白色，而紫色明度较弱，仅次于黑色。其他各色的明暗程度依次变深。图 3-7 所示为另一种情况，在同样的颜色中加入不同量的白色或黑色，其明度也不一样。

3. 纯度

纯度指色彩的纯净程度，又称为饱和度。色彩有纯与不纯、鲜与灰之别。纯净无杂色混入即纯度高，纯度高的颜色给人以鲜明感。纯正的颜色混入其他颜色，则会降低它的纯度。懂得这个道理，在写生时如近处的物体颜色的纯度就可以高些，远处的纯度就可以低些，自然界的色彩是相当复杂的，写生时颜色是要经过调配的（图 3-8）。不经过调配，用纯色是画不出好画的。

颜色由于受光线和环境的影响，会引起色相、明度、纯度的变化。因此，在绘画中，使用色彩时必须注意处理好这三者之间的关系，所以这三者是画好色彩写生的三个重要因素。

图 3-7 色彩的明度变化

图 3-8 单个色彩的纯度变化

二、色彩类型

在千变万化的色彩世界中，人们视觉感受到的色彩非常丰富，按类型可分为原色、间色和复色。

（一）原色

色彩中不能在颜色之间调配产生，却能调配出其他色彩的基本色称为原色。原色能合成出其他色，而其他色不能还原出本来的颜色。原色只有三种，色光三原色为红、绿、蓝，颜料三原色为品红（明亮的玫红）、黄、青（湖蓝）。色光三原色可以合成出所有色彩，同时相加得白色光。

绘画研究色彩主要是研究颜料的调配及调配产生的各式各样的色彩变化，而不是研究色光的混合。

三原色即红、黄、蓝三色（光的三原色是红、绿、蓝），这里讲的是颜料的三原色，指进行颜料调配的基本色，又称第一次色。具体地说，一般在绘画中所指三原色是曙红、柠檬黄、湖蓝三色。一般来说，原色中的红、黄、蓝三色是用其他任何颜色都调配不出来的，但用它可以产生许多不同的颜色。

1．减法三原色

光经颜色滤光片或其他光吸收介质的组合而产生不同于原来的颜色。常使用红、绿、蓝色的补色，即青、品红和黄三种颜色作为减法三原色，入射的白光经过减法三原色的作用（减去）后成为黑色。红、绿、蓝则是二次色，是分别由上述一次色混合而来的。而在打印、印刷、油漆、绘画等靠介质表面的反射被动发光的场合，物体所呈现的颜色是光源中被颜料吸收后所剩余的部分，所以其成色原理叫作减色法原理。

在减法三原色中，品红、黄、青是一次色，是不能用其他颜色来合成的；染料颜料配色、彩色照片以及观察到的彩色物体所呈现的色彩均属于颜色减色法混合所产生的颜色。减色法原理被广泛应用于各种被动发光的场合。在减色法原理中的三原色颜料分别是青（Cyan）、品红（Magenta）和黄（Yellow），如图 3-9 所示。

2．加法三原色

人的眼睛是根据所看见的光的波长来识别颜色的，可见光谱中的大部分颜色可以由三种基本色光按不同的比例混合而成，这三种基本色光的颜色就是红（Red）、绿

(Green)、蓝（Blue）三原色光。三种原色光混合（相加）得到白光。

彩色电视、舞台灯光等采用加法三原色混合的原理。跟颜料、染料、油漆的减法三原色不同，加法三原色是色光的混合。这三种光以相同的比例混合且达到一定的强度，就呈现白色（白光）；若三种光的强度均为零，就是黑色（黑暗）。这就是加色法原理，加色法原理被广泛应用于电视机、监视器等主动发光的产品中，如图 3-10 所示。

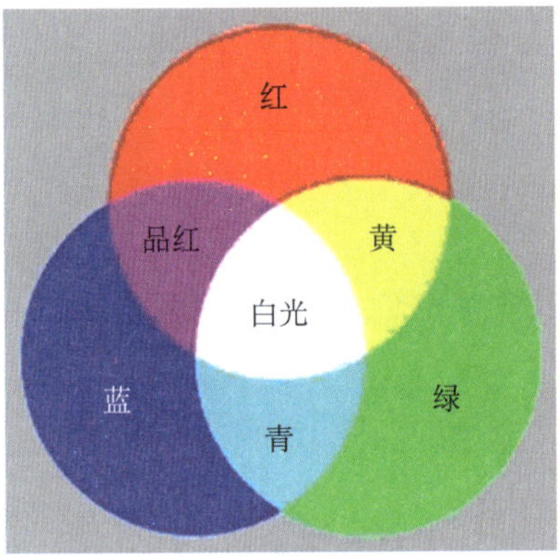

图 3-9　减法三原色

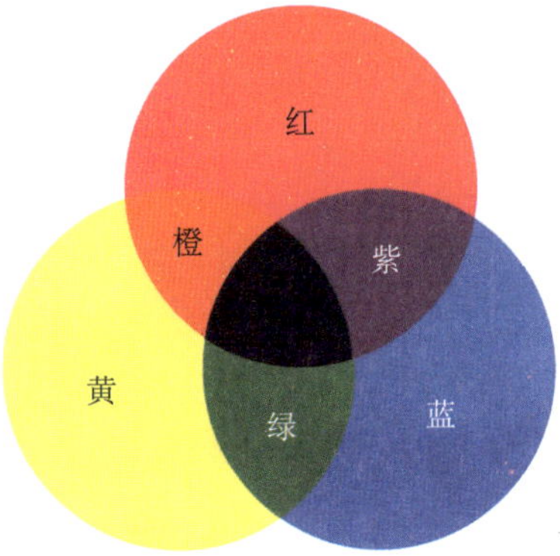

图 3-10　加法三原色

（二）间色

间色也称“第二次色”，是（品）红、（柠檬）黄、（湖）蓝三原色中的某两种原色相互混合的颜色。当把三原色中的红色与黄色等量调配后，就可以得出橙色，把红色与蓝色等量调配得出紫色，而黄色与蓝色等量调配则可以得出绿色。

在专业上来讲，由三原色等量调配而成的颜色，叫作间色。当然三种原色调出来就是近黑色了。在调配时，由于原色在分量多少上有所不同，所以能产生丰富的间色变化，如图 3-11 所示。

把三原色中的两原色等量相调而成三种颜色：橙、绿、紫。

第二次色：间色

红＋黄＝橙

黄＋蓝＝绿

蓝＋红＝紫

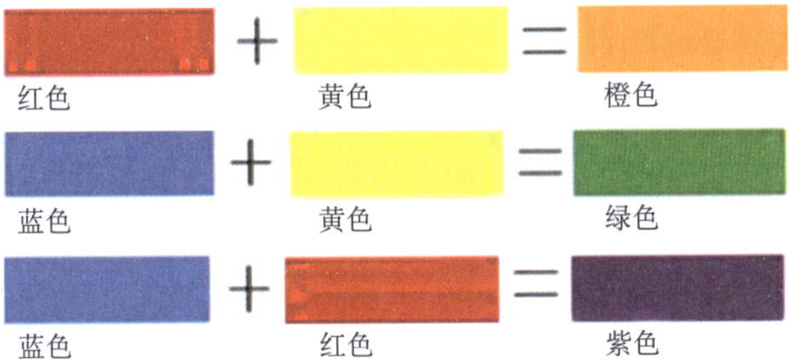

图 3-11　间色

（三）复色

复色又称第三次色，就是两间色等量相加或三原色不等量相调，所产生的颜色称为复色，即红灰、黄灰、蓝灰等。

第三次色 ：复色

橙 + 绿 = 黄灰

橙 + 紫 = 红灰

绿 + 紫 = 蓝灰

任何复色中都有三原色的成分，因为间色是由两原色相调而来的，复色又是两间色相调而来，所以复色理所当然由三原色不同比例相调而成，把上面的列式分解开来看，就一目了然了，如图 3-12 所示。

图 3-12　复色

橙（红 + 黄）+ 绿（黄 + 蓝）= 1 红 + 2 黄 + 1 蓝 = 黄灰

橙（红 + 黄）+ 紫（红 + 蓝）= 2 红 + 1 黄 + 1 蓝 = 红灰

紫（红 + 蓝）+ 绿（黄 + 蓝）= 2 蓝 + 1 黄 + 1 红 = 蓝灰

从以上的列式中可以了解到，在颜色的调配中，只要将颜色的各自分量加以改变，就可以产生或调配出许多不同的灰色。例如 ：

3 红 + 2 黄 + 1 蓝 = 红灰

4 黄 + 2 红 + 1 蓝 = 黄灰

如此类推，就可以调出丰富多彩的色彩了。但要记住三原色等量相加等于黑色。

小贴士

以不同比例将原色混合，可以产生出其他的新颜色。以数学的向量空间来解释色彩系统，则原色在空间内可作为一组基底向量，并且能组合出一个“色彩空间”。肉眼所见的色彩空间通常由三种基本色所组成，称为“三原色”。一般来说，叠加型的三原色是红色、绿色、蓝色 ；而消减型的三原色是品红色、黄色、青色。

在传统的颜料着色技术上，通常红、黄、蓝会被视为原色颜料。“原色”的指定并没有唯一的方法，就理论上而言，凡是彼此之间无法替代的颜色都可以被选为“原色”，只是目前普遍认定“光的三原色”为红、绿、蓝。颜料三原色从理论上来讲可以调配出其他任何色彩，同色相加得黑色，因为常用的颜料中除了色素外还含有其他化学成分，所以两种以上的颜料相调和，纯度就受影响，调和的色种越多就越不纯，也越不鲜明，颜料三原色相加只能得到一种黑浊色，而不是纯黑色。

第三节　装饰色彩常识

所谓“远看色彩近看花”，色彩起着一种先声夺人的作用，无论是在现实中还是在艺术中。尤其在艺术中，色彩扮演着特别重要的角色。又有人说，色彩是破碎了的光。诚然，光对于我们认识和运用色彩具有先决作用。

色彩是由光的刺激而产生的一种视觉效应，光是其发生的原因，色是其感觉的结果。物体的色彩来源于光源的色彩和不同质物体的选择吸收与反射的能力。光源的色彩影响着物体的色彩。我们眼中美丽的大自然，也是因为光的存在和变化才显示出它的绚丽多彩。我们只有在了解了色彩产生的基本原因后，才能进一步探讨艺术中的趣味装饰色彩。

说起装饰色彩，它的应用范围特别广泛，不仅绘画中采用装饰色彩，而且设计中也同样采用装饰色彩，当然还有正统的装饰画和装饰图案中就更是理所当然地采用装饰色彩（从广义上来说，装饰画和装饰图案是属于设计范畴的）。那么到底怎样的色彩才是装饰色彩？它又是怎样获得的呢？

简而言之，装饰色彩注重概括，表现的是色块之间的色彩变化和对比。换句话说，归纳小块颜色的变化，强调整体的色彩关系，而不再追求写实色彩中阴阳向背的冷暖变化和远近虚实关系。一般采用归纳的色调，根据画面的需要来分布色彩，用平涂的方法来压缩空间，一种同明度、同色相的色彩可在画面的不同部位重复使用，使其构图中的各个造型相互衬托，以平面概括的形式展现出来。

当然，在画面上布置色彩时，应用的手法是偏于理性的。因为在色彩的搭配和处理上是有规律可循的，遵循的就是色彩构成中的对比及调和的基本规律。可以根据这些规律对色彩三要素进行符合某种装饰风格的自由调整。

然而，在对选择什么样的色彩构建特定氛围和风格的装饰画面时，又可以是偏于主观的和理想化的。可以选用热烈而奔放的色彩使画面具有喜庆和欢快的氛围，也可以选用沉静而温和的色彩使其具有忧郁和安宁的感觉。

总之，装饰色彩因为其遵循一定的色彩构成规律而表现出某种秩序性；而在色彩的选择上因为其主观性又表现出一定的理想化特征；还因其布置手法上的抽象和概括性而呈现出鲜明的平面化倾向。

那么这种装饰色彩又是怎样获得的呢？自然界为艺术家提供了丰富的色彩资源，自然中的色彩美妙而变化无穷，是装饰色彩利用和借鉴的源泉。然而自然界中不是所有的自然色彩都能适应装饰色彩的要求，这就需要我们平时去观察、寻找、发现、记录或描绘那些美妙的色彩组合。自然中的色彩虽然很美，但必须对其概括归纳进行一些必要的调整，才能适应装饰色彩的要求。

扩展阅读

在中国传统文化中，早在仰韶文化的彩陶上，就成功地运用了装饰色彩，以大写意的手笔简练、概括地勾画出了几何纹样，透过那古朴酣畅的色块与线条，可以体会到一种纯净与淡泊，也折射出了先人们朴素的审美理想。

中国很早就提出了“五行五色”说，并形成了中华民族独有的色彩欣赏习惯与审美观。各个历史时期的时尚差异也为装饰色彩风格的形成提供了温床，如战国漆器、汉帛画、唐三彩等各具特色。唐代的兴盛，东西文化的交流与融汇产生了古丝绸之路上诸如敦煌壁画和彩塑的耀人风采，那飞动的线条、绚丽的色彩、丰富的想象、浪漫的情思共同谱写了中西合璧、意气飞扬的华章，为后人留下了可资借鉴的宝贵遗产。

随着两宋以后文人画的兴起，特别是水墨的表现之风日盛且逐渐成为主流，装饰色彩的运用一度转移到民间。例如，民间刺绣、泥玩具、木版年画等均有成功的范例，它们是中华民族朴素的装饰色彩的审美传统与广大劳动者在生活中的真情实感的完美结合，也是中华民族重意象的写照，如图 3-13 至图 3-16 所示。

图 3-13　仰韶文化彩陶盆

图 3-14　战国王子迎亲漆盒

图 3-15　西汉长沙马王堆帛画

图 3-16　唐法门寺三彩狮子

在我国其他少数民族地区，装饰色彩的运用也是随处可见的。例如，苗族服饰多在黑底子上刺绣各色细碎的花样，装饰色彩巧妙细腻，变化丰富，再配上玲珑的银饰，近看则素复多变，远观却整体浑然。地域文化的特点与区别为装饰色彩的风格化与丰富性提供了前提。

在世界上其他民族与国家中，装饰色彩的运用也是各具特色。例如，古埃及的壁画如图 3-17 所示，古希腊的瓶画如图 3-18 所示，中世纪的镶嵌画如图 3-19 所示，波斯的细密画如图 3-20 所示，以及古印度、印地安和玛雅文化中均屡见不鲜，随着欧洲意大利文艺复兴运动的兴起，人们将注意力从神转向了人。科学、严谨、求实的精神激励着人们去探求与揭示事物的真实本质，装饰色彩一度被严谨写实的崇尚客观色彩的真实性所冷落。

图 3-17　古埃及壁画《狩猎图》

图 3-18　古希腊瓶画

图 3-19　中世纪镶嵌画《圣母子》

图 3-20　波斯细密画

随着科技的进步，一些新型材料的开发与运用，如陶板、丙烯、马赛克、纤维、磨漆、塑料、金属、玻璃、丝网印等，大大丰富了装饰色彩的表现语言和艺术魅力，当代科技新成果的开发及色彩构成的参与、寻根、怀旧与溯归意识的萌生，以及后现代多元共生观念被广泛接受等均为装饰色彩注入了新机，在当今摄影技术空前发达，客观写实色彩观念面对着无数挑战的情形下，装饰色彩以其博大的传统文脉、丰厚的文化生存土壤以及广阔的施展空间，独领风骚，成为一道魅力永存的风景线。

第四节 色彩在幼儿园教学中的应用

幼儿的鉴赏能力来源于他们对生活和事物的感性认识。为了提高幼儿使用色彩的能力，首先要让幼儿感受色彩、了解色彩。法国纳比派画家皮埃尔·勃纳尔认为，“画家要学会用眼睛去创造”，自然地表现你所着迷的事物。

第一种最直接、有效的方式是组织幼儿到户外欣赏大自然的美丽色彩。置身于五彩缤纷、绚丽多姿的自然环境中，幼儿就能对山川河流、花草树木产生最直观、美好的色彩印象和感受。同时，要引导幼儿细心观察，体会生活中的美，感受各种事物的色彩及变化。他们看到的事物越多，对色彩理解也会越全面。

第二种方式，就是带领幼儿走进美术馆、博物馆，让他们欣赏各种艺术作品。这些作品可以是油画、国画和儿童画等绘画作品，也可以是剪纸、年画等民间艺术；通过欣赏这些不同样式的艺术作品，可以使幼儿受到美的熏陶，感知色彩的魅力，对提高幼儿的审美能力是很有帮助的。当然，也可以将前两种方式相结合，采用主题教育欣赏的方式。

例如，在以《树》为主题的欣赏活动中，里面有真实的树，也有霍克尼的树、吴冠中的树、雷诺阿的树，他们的色彩表达方式都各具特色。从中可知，生活中真实的树与艺术家眼中的树是不一样的，在引导幼儿进行色彩欣赏时，可以将生活与艺术相结合，鼓励幼儿用不同的色彩表达自己的感受，如图 3-21 至图 3-23 所示。

图 3-21 霍克尼的《树》

图 3-22　吴冠中的《树》

图 3-23　雷诺阿的《树》

一、幼儿园色彩遵循的原则

为了更好地发挥色彩的教育功能，促进幼儿身心全面健康发展，在色彩教学中需要遵循以下原则。

1. 审美性原则

幼儿通常关注事物的外形、色彩美，审美想象丰富，情感强烈而且外露。要根据这些审美特点，引导他们去发现日常生活、自然界和艺术作品中的美好事物，激发审美热情，捕捉事物的特征，形成美的意象，要使对美的追求成为幼儿美术活动的内在动力。审美性在色彩教学中应得到充分的重视，这样就可以增强幼儿认识美、创造美的能力。

2. 发展性原则

幼儿园色彩教学具有阶段性的特点，因而要根据幼儿身心发育的不同程度，按规律实施色彩教学，在不同阶段采用不同的教学内容和形式，由低到高逐步提高幼儿使用色彩的能力。

3. 内容形式的多样性原则

幼儿园色彩教学不仅仅指最常见的色彩绘画，也可以是手工制作、环境布置和作品欣赏等。多种多样的教学内容和形式，可以激发幼儿对色彩的乐趣，锻炼他们的动手协调能力，获得愉快的情绪体验，从而使幼儿能更加喜爱色彩教学活动。

4. 因材施教原则

每个幼儿的兴趣、爱好和生活经验各不相同，使用色彩的能力也有高低，色彩教学应认识到个体差异性，因材施教就显得尤为重要。要对每个幼儿区别对待，耐心指导，尊重个性发展，创造条件充分发挥他们各自的潜能。

5. 创造性原则

美术创作是一个过程。在幼儿园色彩教学活动中，幼儿用线条、图形和不同颜色，将自身对事物的认识，对生活的感知和体验，以及情感转换为美术形象。教师最重要的工作是为幼儿创造一个宽松的学习环境，鼓励幼儿用自己的方式大胆地表现自己的想法，并指导幼儿用各种色彩的形式和技能，自己动手去完成具有个性化的作品，从而促进幼儿创造性色彩表现能力的发展。

教学建议

在幼儿园教学过程中，情境教学可以使一些概念具体化，变说教为体验，让学习变得生动有趣。在具体的色彩教学过程中，当确定一个主题或对象后，教师可以通过把幼儿带入某一特定的场景，并通过语言描述进行情境展现；也可以通过实物演示、音乐渲染、图画再现、讲故事或角色表演等方法创设不同的情境；然后，根据幼儿不同的观察与体验，引导他们进行独立的色彩创作构思，提供各种不同的工具和材料进行自主的创作活动。

情境教学的关键是在引入或创设的情境当中，充分激发幼儿的情感，然后通过个性化的表达方式进行自由创作。在色彩教学活动中，生动活泼的情境教学法可以给幼儿提供良好的暗示或启发，有利于激发他们的形象思维，提高他们的想象力和色彩表现力，培养他们的创造力。

二、幼儿园色彩课常用工具与分类

（一）幼儿园色彩常用的工具

在幼儿园色彩教学中，让幼儿了解熟悉色彩绘画的工具和材料是不能缺少的一个环节。幼儿色彩绘画目前普遍使用油画棒、彩色铅笔、彩色水笔和蜡笔。这些材料使用起来比较简单，价格也不贵；但其缺点是用这些材料表现色彩小的变化会比较困难。

教学建议

在幼儿园教学中为了表现色彩丰富的变化，在色彩绘画中可以使用彩色卡纸或底色纸。在这些有色底的纸上画画，既可以节省时间，也可以增加画面的色彩变化和美感。另外，水粉颜料的使用也日渐普遍，因为它使用方便，色彩变化多，受到小孩子的喜爱。幼儿在使用水粉颜料作画时可以穿罩衣，以免弄脏衣服。

（二）色彩画的种类与技法

教师在具体指导幼儿进行色彩绘画时，为了提高幼儿的色彩表现力，让他们掌握的绘画技法可以有以下几种。

1．水粉画

水粉可以较好地表现色彩变化，如今在色彩画中应用非常广泛。在绘画时可以将水粉颜料放在调色盘里，那样使用起来方便。在教幼儿掌握水粉工具使用时，其主要方法如下。

(1) 不用铅笔起稿，直接用线条勾画轮廓。在勾线时需要提醒他们适当画粗，在后面填色时压盖一部分线条，这样画面就会比较生动。

(2) 多用色、少用水，使色彩保持高饱和度。幼儿可能不易准确地把握用水调色的技巧，如果水加多了就会让画变“花”，所以调色时水不能多加。鼓励幼儿用画笔直接蘸色去涂抹画画，随心所欲、快乐地表现色彩，自由地表达自己的情感。

(3) 适当教一些调色的方法。例如，调明度高的浅颜色，可以先在调色盘中用水将白色调好，然后逐步加入其他颜色，一直调到合适为止。

(4) 不要强调画事物原有的色彩。色彩是可以变化的，应该鼓励幼儿大胆选择自己喜爱的、认为美的颜色去画，培养他们创造性表现色彩的能力，如图 3-24 所示。

2. 水粉和蜡笔

用水粉和蜡笔相互涂染，可以产生比较厚重绚丽的色彩效果。具体的画法一般可以先用蜡笔画出轮廓，然后用蜡笔涂色，颜色可以混合涂，再用水粉统一画面的色调。

3. 彩色水笔

在有色底的纸上勾线，再用色彩颜料涂染。以线条为主的画面，要处理好笔和纸的色彩对比关系。在色彩明度方面，一般需要加强对比，那样画面会更清晰，效果会更好。

4. 彩墨画

彩墨画用宣纸，毛笔涂鸦，在宣纸上产生许多渗化的效果，十分有趣、生动。初步接触中国的毛笔和墨，接受传统意识，如图 3-25 所示。

图 3-24 水粉画

图 3-25 彩墨画

5. 材料工具

在幼儿色彩绘画中，应该鼓励幼儿综合使用各种材料和工具，那样可以使画面的色彩变得丰富。在同一绘画课里，虽然创作的主题是一样的，但由于每个幼儿的观察体验和对色彩的感觉各不相同，其创作的构思也不同，所用的工具材料和技法也不尽相同，最后所呈现作品的具体内容和形式就会丰富多样，个性特色也会很鲜明，如图 3-26 所示。

图 3-26 综合材料应用

第五节 幼儿园教学案例分析与作品赏析

题目：《马蒂斯爷爷的蜗牛》

（一）教学目的

（1）回忆生活中蜗牛的样子，加深体验。
（2）结合野兽派大师马蒂斯的作品，调动色彩的感觉表达能力。
（3）提高审美能力，促进色彩表现力。

（二）教学重点

以蜗牛为例，引发对色彩的遐想。

（三）教学难点

（1）如何欣赏马蒂斯的剪纸作品。
（2）结合大师作品，如何创作一幅美丽的蜗牛作品。

（四）教学准备

（1）教师准备：马蒂斯的剪纸作品、蜗牛图片若干。
（2）学生准备：油画棒、海绵纸、水粉颜色、A3 大小的彩色卡纸。

（五）教学过程

1．开始部分

（1）回忆平常生活中蜗牛是长什么样子的，观看蜗牛的照片，如图 3-27 所示。

（2）介绍法国野兽派画家亨利·马蒂斯，欣赏和评价其剪纸作品，如图 3-28 所示。

图 3-27　蜗牛图片

图 3-28　亨利·马蒂斯剪纸作品《蜗牛》

① 分析蜗牛的色彩、形状。

② 你印象中的蜗牛是什么颜色的？蜗牛的哪些颜色让你感到是五彩的？

③ 你觉得马蒂斯的蜗牛像什么？想不想自己也画一只蜗牛？

2．基本部分

（1）教师介绍工具的使用、注意事项。

（2）学生作画，教师辅导。

① 将马蒂斯的蜗牛用自己的方式表达出来。

② 尽量用大的色彩对比关系来表达美感。

3．结束部分

（1）欣赏讲评作业。

请小朋友们把自己的作品都放到教师前边来，共同欣赏评价。教师首先肯定大家所取得的成果，然后提出问题让孩子来评判与思考：

① 谁的蜗牛最漂亮？为什么？

② 谁画的蜗牛构图最好玩？色彩对比最好看？

③ 谁的画最有想象力？

鼓励小朋友参考评价，互相欣赏其作品，然后互相讨论，发表看法。肯定作品的优点，找出不足的地方。最后教师进行总结。

（2）收拾用具，用布擦净桌子，清理场地卫生。提示学生准备下次上课用具。

（3）幼儿作品总结与展示。

4．总结

每位幼儿通过用笔来画、用纸来贴，将“马蒂斯爷爷的蜗牛”用自己的理解和想象表现在作品中，见幼儿作品——《蜗牛》（图 3-29）。在此作品中，幼儿运用了荧光色和互补色，结合了红、黄、蓝三原色，来展现他们想象中的蜗牛，同时幼儿的审美能力也得到了提高。

图 3-29 幼儿作品《蜗牛》（5 岁）

本章小结

幼儿美术色彩教学作为艺术教学的一部分，具有启蒙性质，并不是为培养专业技能的绘画人才而进行的活动。由于幼儿形象思维占优势，因此在绘画活动之前应仔细观察，以增加幼儿的感性经验，使幼儿在绘画过程中画面内容更丰富多彩，提高他们的审美情趣。

在色彩画课题研究活动中，利用园所美丽的环境来激发幼儿绘画创作的欲望，让幼儿身临其境，感受大自然中的色彩变化，体验感知生活中的色彩美。在色彩画活动的实践过程中让幼儿体验成功和快乐，同时更培养幼儿的创造思维。教师要善于利用身边的环境启发幼儿大胆地表达、表现，从中不断挖掘幼儿的艺术潜能。

讨论题

（1）分析上述教学案例是如何引导幼儿观察色彩的。
（2）思考上述色彩教学案例对你在学习和运用趣味性色彩教学有何启发。
（3）如何整体观察色彩？
（4）生活中的色彩如何运用到色彩创意中去？
（5）我们该如何概括和归纳色彩？

实训课堂

说出你喜欢的色彩趣味活动

1．设计一个色彩绘画课的活动方案

孩子们都喜欢色彩鲜艳又丰富的东西，在他们的周围到处都是漂亮的色彩，蓝的天、白的云、红的花、绿的叶，花花绿绿的色彩引发孩子们观察的兴趣、求知的欲望、美的感受。而我们人的审美感官主要是视觉，通过视觉可以看到各种色彩、各种美的事物。幼儿期的儿童好奇心强，喜欢鲜艳、斑斓的色彩，有意识地培养他们的色彩感知能力，可以帮助幼儿树立正确的审美观，提高欣赏水平，引起幼儿愉快的体验，获得美的享受，从而提高他们的综合审美素质。图 3-30 和图 3-31 所示为生活中的颜色。

图 3-30　多彩橡皮泥

图 3-31　大自然中的色彩

2．幼儿园色彩课模拟练习（一）

出示色彩图片，请幼儿介绍。提问：你最喜欢什么颜色？哪种东西是这种颜色的呢？（出示相应的图片）将幼儿的注意力集中到该活动中来，并以幼儿为主体开展活动，主要是让幼儿感受颜色，并能说出在哪里找到过、看到过这种颜色。

3．幼儿园色彩课模拟练习（二）

讲故事引出“颜色娃娃找朋友”的活动。教师提供与幼儿人数相等的各种颜色标记。幼儿选择自己喜欢的颜色标记。在活动室寻找与颜色标记相匹配的物品，并将标记贴在物品上。让幼儿在游戏中与颜色宝宝零距离接触，通过视觉感官获取相关经验。在活动室内寻找与颜色标记相匹配的实物的过程中，教师、幼儿在师生互动、生生互动中，形成合作学习机制。

4．幼儿园色彩课模拟练习（三）

小结并交流全班幼儿喜欢的颜色。教师向幼儿介绍喜欢每种颜色的幼儿名单。幼儿感受对事物的不同看法，了解周围小伙伴的喜好。通过教师的小结自然地完成教学目标，使活动得到一定升华。

第四章 儿童创意画

学习导语

儿童创意画是针对幼儿手脑潜能开发的课程，是根据幼儿心理学、生理学、脑科学理论及幼儿认知规律的特点，将智力因素及非智力因素与绘画教学相结合，以“绘画是孩子的第二语言”为教学理念，抓住幼儿思维和创意的黄金阶段，打造出一种以孩子为主体、以创意为主线全新的体验式绘画模式。

教学目标

(1) 了解儿童创意画的基本知识，以及幼儿创意思维的发展。

(2) 能够熟练运用各种儿童绘画工具，指导幼儿进行创意绘画。

第一节　幼儿学画经历的四个时期

一、涂鸦时期

幼儿从一岁左右开始便能在纸上画出痕迹。现在的我们很难想象当一个幼儿看见笔的一端出现一条黑线，而自己又能控制这条线时，他作何感想，其实我和你及所有人都曾经有过这样的经历。

在试探一下以后，幼儿可能很喜欢在任何空着的平面上乱涂乱画，包括任何所能触及的书本、墙壁、桌椅甚至衣服、床单等。开始的涂鸦之作显得很随意，像图 4-1 那样，但很快就有些明确的形象。

一个最基本的涂鸦动作是圆形，如果这个圆形能够从起点连接到终点，就是说把圆画封口，就说明这个幼儿有绘画的主观意识了，而画圆形这个简单的动作，是从肩膀、手臂、手掌和手指共同运动中得来的。画圆形的动作是一个非常自然的动作，比画出方形要自然多了。

所以说涂鸦期的幼儿最喜欢画圆形，如苹果、蜗牛、小鸡等，如图 4-2 所示。

图 4-1 《小鱼》（赵家琪 2 岁）

图 4-2 《小鸡城堡》（吴皓辰 3 岁）

幼儿的绘画反映了他们的所思所想，这些画没有一幅是自然的直接翻版，而是心灵的体现，需要从幼儿的角度去理解。

在某个时期之内，幼儿会不断重复，这种重复可能要持续数月甚至数年。如果是个心理学家，就会以“研究者”的眼光看待这一现象，认为这是一种自然的状态，教育者不能满足这一步，他要想方设法提升幼儿，不断地给予幼儿新的刺激，使其在认知上发生本质的变化。

二、符号时期

经过一段时间的乱涂乱画以后，幼儿开始发现其中的艺术：一个画好的符号可以代表幼儿心目中的任何东西，两个圆圈或许就代表爸爸、妈妈，或者太阳、云彩等。

幼儿非常快乐地画出圆圈代表眼睛和嘴巴，画伸出来的线条代表胳膊和腿，这种形象是幼儿在绘画时被普遍使用的，尽管每个幼儿的画作与其他幼儿的有很多类似的地方，但每个幼儿总是反复试验自己最喜欢的形象，通过不断重复使画面越来越精致，如图 4-3 和图 4-4 所示。

图 4-3 《好朋友》（刘懿增 3 岁）

图 4-4 《爸爸妈妈》（贺俊铭 3 岁）

三、表达时期

大概在四五岁时，幼儿开始用自己的图画讲故事和解决问题，通过对基本形状的细小或整体改变来表达他们的意图。到了五六岁，幼儿会发明一套风景符号，并且再一次通过反复试验确定用一个符号表示的风景版本，然后无休止地重复这个版本。也许你能记起自己在五六岁时画的风景。那个风景组成是什么？首先是天和地，他们的思维认为地面应该在下面而天空应该在上面，如图 4-5 至图 4-8 所示。

图 4-5 《森林音乐会》（简怡姗 5 岁）

图 4-6 《春天来了》（陈鱼儿 6 岁）

图 4-7 《家园》（仇贞茹 5 岁）

图 4-8 《海战》（杨宇航 5 岁）

四、复杂化时期

六岁以后，幼儿进入复杂化时期，在这个阶段，他们在自己的作品中加入更多的细节，希望通过这样做使画面达到更真实的程度，他们对画面中各种事物位置的考虑取而代之的是对事物外表的考虑，特别是对各种形状的细节。总的来说，稍大一点的幼儿画作显得更加复杂。也是在这个阶段，幼儿在性别上也有了差异，男孩子开始画汽车、战争、太空、火箭、新科技、怪物等，如图 4-9 和图 4-10 所示。

如图 4-11 所示的《火车轨道》，张滨铄小朋友非常喜欢桥梁、轨道、道路，平时非常善于观察身边的事物，他能够经过自己的大脑加工直接用勾线笔在画纸上把所见到的事物默画下来，画面中还有遮挡关系，对一个 6 岁的孩子来说这是非常难得的。

而女孩子喜欢画一些柔和的东西，如花朵、天鹅、童话、公主等（图 4-12 至图 4-14），《春姑娘》的作者辛蓉予精心刻画了女孩飘逸的长裙、魔法棒、美丽的晚霞，画面唯美、富有诗意。

图 4-9　《飞机基地》（杨宇航 6 岁）

图 4-10　《发射场》（吴依凡 6 岁）

图 4-11　《火车轨道》（张滨铄 6 岁）

图 4-12　《春姑娘》（辛蓉予 6 岁）

图 4-13　《小兔的家》（田爱多 6 岁）

图 4-14　《森林乐园》（尹云逸 6 岁）

第二节　创意画概述

一、创意画的概念

创意绘画是针对幼儿手脑潜能开发的课程，让幼儿在绘画的过程中增加情景互现、增强情感体验，将创意融于绘画中，集思维、想象、多感体验、情感表达于一体。

教学中避免了传统绘画模式的呆板和枯燥，使绘画课更具有趣味性和互动性，用绘画中的创意来启迪幼儿想象的空间，激发幼儿的创造力，启发幼儿多元智能，让全脑的潜能得到充分开发。

二、创意画的工具及技法应用

（一）创意画的工具与材料

画创意画的工具不拘一格，可以是绘画常用的工具，如铅笔、勾线笔、油画棒、彩色铅笔、水彩笔、水粉颜料、水彩颜料、丙烯颜料、油画颜料等；也可以是身边日常的生活用品。

（二）技法应用

创意儿童画的技法多种多样，常见的有油画棒画（图 4-15 和图 4-16）、水粉画（图 4-17 和图 4-18）、水墨画、水彩画、彩色铅笔画、粉印画等，熟练地运用这些画种的工具、材料和技法，能较完美地表现对象，并充分表达作者的思想感情，从而使作品的档次得到提升。

图 4-15 《大车与小车》（钱俊昊）

图 4-16 《乐园》（曾馨怡）

图 4-17 《孔明灯》（钟泽琳）

图 4-18 《长城》（曹若轩）

教师应当将西方绘画中重视形式同中方绘画中运用线条的魅力有机地结合起来，互相取长补短，走“中西合璧”之路。这样才能真正落实美术新课改的精神，赋予儿童画以新的灵感和生命力，如图 4-19 和图 4-20 所示。

图 4-19　《京港澳大桥》（陈勃琨）

图 4-20　《远古的呼唤》（仇贞茹）

三、创意画的意义

（一）创意画能够激发幼儿的兴趣

激发才能产生兴趣，有了兴趣就有了动力，在教学过程中不是硬性控制，完全按照教师的意图；而是要顺着幼儿的思路。就是说，这个课堂不是由教师推动，而是由幼儿推动。幼儿都有逆反心理，如果强迫他们去学，他们是不愿学的，不如放开手，使他们不但愿学，而且能学得很好。

（二）可以让幼儿主动学习、主动探索，培养观察能力

为幼儿制造需求，就是说对于绘画的渴望。有了需求，就等于在幼儿心里安装了强大的驱动，使他们不是在被迫的情况下学习，而是内心充满渴望的、想方设法地学习绘画。让他们去创造，教师和家长就要把握好教育的机会，当一个幼儿对某一事物感兴趣了，教育的机会就来了。

1．抓住事物的主要特征，学习观察

通过观察就可以帮助幼儿克服造型的概念化，每一事物都有其独有的特征，区别于其他事物的色、形、质。引导幼儿抓住事物的主要特征来观察，幼儿会发现同一物体各部分比例不同；通过观察比较，幼儿会发现两个或几个物体之间有着相同点和更多的不同点，呈现出其特有的特征。

例如，幼儿都喜欢昆虫，喜欢观察昆虫、画昆虫，有时，甚至把昆虫的活动编成一个有趣的故事，如图 4-21 至图 4-23 所示。

王一淼是个非常活泼的孩子，非常喜欢用黑色的马克笔画一些剪影人物，她自己戏称为“小黑人”，她观察、分析、研究人物的特性、结构、服饰、动作，一边研究一边学习，孩子在无意识状态下进行学习，她认为自己在玩，这样就有了兴趣，孩子创作起来就能随心所欲。如图 4-24 所示，在放学的路上，她看到有卖羊肉串的，有和小朋友一起聊天的，还有推着婴儿车的年轻妈妈，路边是商场和超市；如图 4-25 所示，在热闹的舞会上，有人在

开心地跳着舞蹈，有人在选择舞会的衣服（不知道选哪一件好），还有个小女孩在吃着冰淇淋，好不热闹！

图 4-21 《螳螂战车》（王翊铧）

图 4-22 《蚂蚁王国》（刘佳昆）

图 4-23 《昆虫战士》（杨宇航）

图 4-24 《放学路上》（王一淼）

图 4-25 《舞会之夜》（王一淼）

2．抓住事物的美，学习观察，然后进行创作

视觉总有一定的选择性，指导幼儿观察时一定要抓住事物最美的一个点。例如，妈妈和孩子一起荡秋千，人情的美；田间劳作的农民，勤劳的美；作品中布局疏密的美；高楼林立、车水马龙、都市繁华的美；色彩对比强烈的美、协调的美；形象粗犷的美、细腻的美……

比如，游乐园是幼儿爱去的场所，在那里他们尽情欢笑，侯奕宸把过山车设计成龙的形象、小花苞造型的摩天轮、南瓜形的鬼屋；赵家琪小朋友创作的可爱的旋转木马，还有会转动的火车轨道；康锦宏的碰碰车不仅可以碰撞出闪烁的星星，还能飞起来！这些作品都是幼儿在平时注意观察生活，亲身体验，了解事物的特征，然后进行创作，才能得到这么有创意的作品，如图 4-26 至图 4-29 所示。

图 4-26　《沙漠基地》（康锦辉）

图 4-27　《游乐园》（侯奕宸）

图 4-28　《碰碰车》（康锦宏）

图 4-29　《开心游乐园》（赵家琪 6 岁）

3. 遵循观察规律，养成有意观察的习惯

观察遵循一定的规律，从整体到局部再到整体地观察、从近至远地观察、由外往里地观察等，要有比较地观察、思考地观察，并时时有这样的观察习惯。有了观察，学生就会发现一棵树历经四季呈现出不同的美感：春季，嫩芽初吐；夏季，郁郁葱葱；秋季，金果挂枝；冬季，黄叶满地。

有了观察，就知道汽车、飞机的基本结构，有了观察就会有发现，有了发现就会有想象。敏锐的观察力，良好的观察习惯，丰富的观察体验，为“想象”收集所有的信息，也为“想象”奠定了坚实的基础，如图 4-30 至图 4-33 所示。

图 4-30 《蜂王的婚礼》（王婷筠）

图 4-31 《风力发电机》（李浩然）

图 4-32 《新武器》（康锦宏）

图 4-33 《小鸟的家》（仇贞茹）

（三）培养想象力

创意的前提是想象力的培养。什么是想象力呢？想象是在原有感性形象的基础上创造出新形象的过程，这些新形象是已积累的知觉材料经过加工改造所形成的，就是常说的有母题、有依托。

1．想象力是人在已有形象的基础上，在头脑中创造出新形象的能力

比如当说起汽车，马上就想象出各种各样的汽车形象来就是这个道理。因此，想象一般是在掌握一定知识面的基础上完成的，想象力是在头脑中创造一个念头或思想画面的能力。

2．想象力是人类创新的源泉

想象力的魅力在于它可以将你带入一个虚拟世界，实现现实生活中不可能实现的梦想。想象力的作用就是它可以使你享受快乐，享受惊奇，享受自由，享受现实生活中少有的感受。在创造性想象中，运用想象力去创造你希望实现的事物的清晰形象，接着，持续不断地把注意力集中在这个思想或画面上，给予它肯定性的能量，直到最后它成为客观的现实。因为有想象力，我们才能创造发明，发现新事物的定理。爱因斯坦之所以能发现相对论，就是因为他能经常保持童真的想象力；牛顿能从苹果落地而想象到万有引力这一科学的重大发现，都是因为有了想象力。

1）创造想象

比如让幼儿想象道路交通的场景，那么他必须见过真实的道路、汽车行走在路上的情景，汽车、道路、交通标志、树木、房屋、昆虫、战舰、行走的人物等就是他想象的依托或者母题。把这些依托或母题经过一番改造，就组合成一个道路交通的画面，如图 4-34 至图 4-36 所示。

图 4-34　《宇宙冥想》（乔邦洲）

图 4-35　《虫子发射场》（康锦宏）

图 4-36　《宇宙战舰》（康锦辉）

又如，让幼儿画一幅有人物的雪景，他的脑子里一定会想象出飞舞的雪花、洁白的大地、光秃秃的树枝、可爱的雪人，还有穿着厚厚衣服的人物，而且人一说话嘴里就冒出热气，但是这个想象要有一个条件——他经历过在北方下雪天的场景，如果他是南方人，没见过雪，就很难想象出这样的雪景了，如图 4-37 和图 4-38 所示。

2）再造想象

人能够想象出从未感知过的或实际上并不存在的事物形象，但是想象内容还是与客观现实有着千丝万缕的联系。比如说很多神话中的人物都是人们想象出来的，而这些人物都有现实生活中人物的影子，总是不能完全脱开现实世界而凭空想象，最终还是要有母题的影子。

图 4-37 《雪地烧烤》（曾馨怡）

图 4-38 《雪后》（曹若轩）

图 4-39 所示为《恐龙战车》，战车中藏着各式高科技武器，无死角的发射口，有人在恐龙战车的头部进行操作，后面跟着微型的战斗飞船和可控机器人，参与战斗游刃有余；在图 4-40 所示的《机器战士》中，这些机器战士身穿盔甲、带着新式武器，从身上的图案到每一颗小螺钉，无不体现出小画家的独特创意；如图 4-41 所示苹果形的生物能源汽车，静静洒落光芒的路灯，正在降落的航天飞机；如图 4-42 所示美丽的世外桃源。这些无一不是孩子们根据现实生活的再创造。

图 4-39 《恐龙战车》（刘佳昆）

图 4-40 《机器战士》（林子为）

图 4-41 《静静的夜》（乔邦洲）

图 4-42 《世外桃源》（牛宝婧）

第三节　情 境 创 设

一、创意画的情景创设方法

情境教学是一种创设典型场景、激起幼儿热烈的情绪、把情感活动与认知活动结合起来的教学模式。

教师是课堂教学的主导，在教学中要努力做到以充沛的感情、专业的精神、丰富的想象、生动的语言、高度的概括力，从各方面感染幼儿，使幼儿耳濡目染，激发起学习绘画的情感。在此基础上，依据教材的内容和所教幼儿的层次创设问题情境。

情景创设的常用方法有以下几个。

1. 结合生活实际展现情境

生活是艺术的源泉，绘画作品是生活在作者脑海里反映的产物。所谓联系生活展现情境，就是把教材中所写的生活与学生的生活，通过创设情境沟通起来，打开幼儿的生活库藏，强化他们的体验，创作出更符合心愿的作品。

2. 运用实物演示情境

实物展示可使幼儿豁然领悟。实物演示既可以由教师完成，也可以由幼儿自己完成。将实物带进课堂，让幼儿一边展示自己的照片，一边向大家介绍。这样，不仅丰富了幼儿的生活体验，同时也锻炼了幼儿的口头表达能力。

3. 利用多媒体课件创设情境

借助图画、音像再现情境，可以把所讲的内容具体化、形象化，使人易于接受和理解，培养美感。在运用多媒体课件再现情境时，教师要加以指点和启发，以引导幼儿认识的方向性；同时还要有感情地讲述，便于幼儿充分感受形象，进入情境。

音乐最能调动人的情感，抚慰人的心灵，渲染情境，营造气氛。把音乐语言与图画结合起来，教学就能真正实现调动幼儿的听觉、视觉等器官，在这种联觉的通感中，会收到意想不到的效果。

图 4-43 所示的《小熊护鸟蛋》是王翊铧看到了外面树上的鸟窝，总怕它从树上掉下来，而发挥想象创作的作品。图 4-44 所示的《世外桃源》是侯奕宸听了一首轻音乐后的即兴创作。

图 4-43　《小熊护鸟蛋》（王翊铧）

图 4-44　《世外桃源》（侯奕宸）

二、幼儿绘画构图形式与指导方法

幼儿绘画构图的水平由低到高分为涂鸦式、并列式、散点式、遮挡式；在处理形象主次关系方面，幼儿绘画构图的水平由低到高分为罗列形象、以空间关系安排形象、形成主题与背景。

小贴士

构图能力指绘画者在一定的空间安排和处理人、物的关系和位置，把个别或局部的形象组成一个整体的能力。构图是绘画语言要素之一，在幼儿的绘画中，有着与线条、色彩同等重要的地位。

年龄越小的孩子，其绘画作品越不能清楚地表现出各形象之间的联系，幼儿常用一种水平式的构图方式进行绘画，作品形象往往忽略了空间安排及事物的比例关系，随着幼儿认知水平的提高，其绘画作品开始有了一定的空间感觉，并能表达一定的主题。

（一）涂鸦式构图

1．涂鸦式构图构思

涂鸦式构图是指幼儿画中的形象不做空间安排，只是随机地把物体分布在画面上，画面没有上下之分，更无前后之别。这一时期幼儿在作画时，常常将画纸转来转去，哪里有空就在哪里画，在他们的画面中常常看到所有的物体都是横七竖八的，失去了原来生活中的方向和秩序，有的头朝上，有的头朝下，还有的歪躺着。

这时的幼儿还没有空间方向上的概念，绘画对他们来说只是一种游戏，他们更多的是满足于绘画的过程，画面的结果对他们来说并不重要，重要的是把想画的东西都画上，把画纸都填满。3 ~ 5 岁的幼儿其构图方式便具有这些特点。

2．涂鸦式构图指导方法

对于刚入幼儿园的幼儿来说，能大胆地在画纸上自由自在地进行表现，便是一个好的开端。教师不必苛求幼儿画出像样的东西，而是要鼓励幼儿大胆画画，让幼儿在看看、想想、玩玩的过程中进行绘画表现，如图 4-45 和图 4-46 所示。

图 4-45 《乐园》（孙皓然 2 岁半）

图 4-46 《美丽世界》（赵家琪 2 岁）

幼儿天生就是艺术家，教师应引导幼儿用自己的眼睛去观察世界，用自己的心灵去感受世界，从而用幼儿自己的语言去表现世界。这一时期的幼儿已开始尝试运用自己掌握的图形大胆地表现物象，教师应引导幼儿在日常生活和学习中多观察，帮助幼儿建立起象征符号与现实中各种事物之间的联系，从而积累较为丰富的视觉经验和情感经验，为艺术表现打下基础。

（二）并列式构图

1．并列式的构图方式

幼儿在 4 ～ 5 岁出现并列式的构图方式，它是幼儿构图能力发展过程中的一个转折点。

从构图上看，此时幼儿的作品中，往往不止一两个形象。他们把这些形象以排队的方式放置在基底线上，形成并列式的构图方式。他们已有了初步的表现目的，虽然画中的形象并不都与主题相关。他们也不太注意物体之间的大小关系，但已开始试图表现物体之间的空间关系。

在这种构图中，幼儿将物体并排摆在一起，代表生活中处于同一水平高度的物体。这时的幼儿在作品中已表现出一定的空间关系意识，可以看到他们常把太阳、飞机、鸟、气球画在纸的上方，把小草、小鱼、小河、小花画在纸的下边，如图 4-47 和图 4-48 所示。

图 4-47　《恐龙世界》（吴依凡）

图 4-48　《外星人来访》（王婷筠）

2．主次关系处理

这一阶段的幼儿在形象的分布和形象主次关系的处理上，其能力有了一定的提高，教师可通过强调下列活动来指导幼儿构图。

1）通过多种形式观察物体

由于此时的幼儿已经开始表现出事物的空间关系，因此教师应引导幼儿多注意观察、积累生活经验，让幼儿比较物体在不同空间中的关系。同时，还要引导他们把不同的事物联系起来，从单一的表现过渡到表现一定的情节。

“写生”是培养幼儿空间知觉能力的有效方式，在写生之前，教师要引导幼儿观察自己所看到的物体的空间位置，然后用绘画的形式表现出来，让幼儿了解同一物体可以从不同的角度观察和描绘。

2）进行简单的构图练习

教师通过提供给幼儿与主题相关的各种单张图片，如人物、交通工具、动植物、建筑物等，让幼儿根据主题进行构图。随着年龄的增长，教师可提供部分图片，其余的由幼儿添画来完成，如图 4-49 至图 4-53 所示。

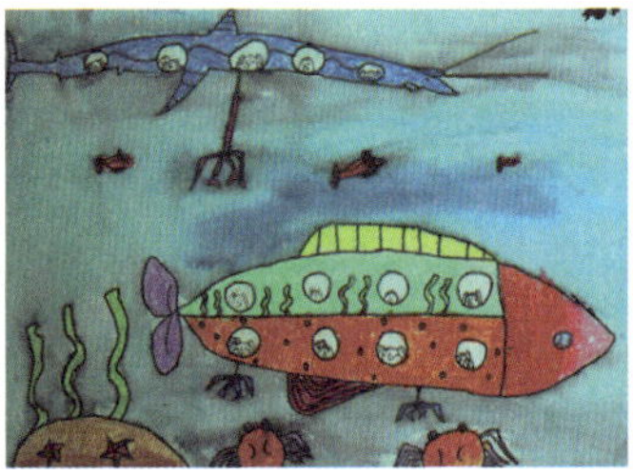

图 4-49 《水下探险》（辛蓉予）

图 4-50 《鱼形潜艇》（张恩齐）

图 4-51 《海上日出》（李林航）

图 4-52 《机器人一家》（李浩然）

图 4-53 《蝴蝶的城堡》（王奕涵）

（三）散点式构图

（1）与并列式那种只有上下、高低而没有远近、前后的构图方式相比，散点式构图已摆脱了地平线，开始表现出物体的离散关系，即物体向着四面八方离散开去。幼儿往往将整张画纸作为地面来表现作品中的形象，构图开始具有层次感。散点式构图的出现表明幼儿的认知水平又提到了一个新的高度，如图 4-54 和图 4-55 所示。

（2）教师在指导幼儿时应根据形象的分布和形象的主次关系发展的水平和特点进行。

（四）遮挡式构图

1．遮挡式构图层次

这种形象分布方式是幼儿较高水平的构图形式。在此之前的所有构图都有共同的特点，就是形象与形象互不遮挡，因为他们认为，每个图形都应该有其自己的空间。这样，在绘画时，幼儿总是有意无意地避免所画的图形之间发生相互遮盖或重叠。随着年龄的增长，幼儿逐渐会运用图形间的相互遮盖来表示深浅远近的关系。

幼儿在构图时，并不是从一个固定的角度去看物体，他们常常把从不同角度看到的物体在一张画中呈现出来，因此我们看到幼儿的画面中有多个“视点”。运用图形之间的相互遮盖或重叠的绘画表现方式，是随着幼儿空间概念的发展而出现的。

遮挡式构图的出现表明幼儿开始从一个固定角度出发去表现物体的空间关系。大家知道，从一个固定角度看物体就有了前后关系，而前面的物体势必要遮挡住后面的物体。让一些形象部分地遮挡住另一些形象，使其能表现出物体固定角度上的前后关系。如果说散点式构图更多体现了幼儿画其所知，那么遮挡式构图更多地体现幼儿画其所见，如图 4-56 和图 4-57 所示。

图 4-54 《来到火星》（吴皓辰）

图 4-55 《精灵城堡》（陈鱼儿）

图 4-56 《海底世界》（辛蓉予）

图 4-57 《保护环境》（邢雅涵）

2. 教师可通过强调某一活动来指导幼儿构图

1）进行情节画的创作

如果说幼儿的画面还停留在把所画物体一字排列在基底线上，只有简单的太阳、小树、花草、小鸟作为背景的话，那么再大点，幼儿便逐步开始使自己所画的人、物都能围绕着绘画的主题，这个阶段的幼儿画具有一定情节，因此教师要鼓励幼儿把自己表现的人、物与周围的环境联系起来，在充分观察、体验的基础上，借助绘画形式表达自己独特的视角，如图 4-58 和图 4-59 所示。

图 4-58 《黄昏》（徐境浩）

图 4-59 《小猫与它的地下宝藏》（赵梓淳）

2）开展多种形式的构图练习

可运用合成、连画等形式进行构图练习。合成在美术活动中的运用就是把两个或两个以上的基本图形（包括点、线、面、体等）作有意义的连接，从而构成一幅完整作品的过程，如图 4-60 和图 4-61 所示。

图 4-60 《乐园》（蒋雨轩）

图 4-61 《未来交通》（韩天子）

总之，指导幼儿构图并不是一件简单的事情，幼儿构图能力发展的不同阶段都有其特殊性，同时还存在着个体差异性，因此，教师应根据幼儿绘画构图能力发展的水平与特点进行有针对性的指导，从而发展幼儿个人的构图技巧。

三、教学案例

现在以牛宝婧的作品《绿色梦境》为例进行讲解。

（1）准备工具：勾线笔、彩色铅笔、铅笔、油画棒、水粉工具。

（2）创意题目：森林中的故事。

（3）作业要求：直接用勾线笔进行绘画，具有一定的装饰性，实在没有把握的部分可以先用铅笔画，然后再用勾线笔描线。

牛宝婧小朋友画的是她的梦境，梦里城市变成青山绿水、繁花盛开，她和她的朋友生活在这样的大自然中每天非常开心，画面优美而富有诗意。画出这样的画面，对于一个的孩子来说是难能可贵的。

步骤一：用勾线笔刻画、构图。先画出画面的主体物——花房子，然后添画小男孩和小女孩以及树木花草，最后画出天空中的飞船，如图 4-62 和图 4-63 所示。

图 4-62　《绿色梦境》（牛宝婧）

图 4-63　《绿色梦境》局部（牛宝婧）

步骤二：进行细节的描绘，用彩色铅笔和油画棒染色。注意色彩的过渡，如图 4-64 所示。

步骤三：如图 4-65 所示，最后整体调整，用水粉色染出天空、森林和草地。

图 4-64　《绿色梦境》局部（牛宝婧）

图 4-65　《绿色梦境》完成稿（牛宝婧）

教学建议

在教学中，如果遇到幼儿没有见过的事物，但他却想画出来，这时教师千万不要给幼儿画出这个图形，而是要给他看这个事物的图像资料，让他自己根据所看到的图像去画，一方面避免了幼儿的依赖心理，另一方面培养了幼儿主动探索的能力。

第四节 异想天开

人的任何一种能力只要被闲置起来，就会消失，这就是递减法则。人们一般认为孩子的创造力是培养出来的，这其实是误解。孩子天生有创造力，只不过他的这种能力是隐藏着的，教育者的义务在于帮助他们将这种能力激发出来。

一、让幼儿异想天开，使他们的画面更具有创意

（一）积累渊博的学识和丰富的经验

想象就是对已有的知识、表象和经验进行改造、重新组合，创造新形象。因此，头脑中储存的表象、经验和知识越多，就越容易产生想象。一个孤陋寡闻的人是很难经常产生奇想的。教师和家长可以带孩子到大自然、动物园、海洋馆等地让孩子多观察、多感受，这样才能创作出更好的作品，如图 4-66 和图 4-67 所示。

图 4-66 《海底探索》（侯奕宸）

图 4-67 《蚂蚁的早操》（王奕涵）

（二）不同元素的组合

要善于把不同种类的表象加以重新组合，以形成新的形象，如图 4-68 至图 4-70 所示。

中国的图腾“龙、凤”图案、童话中美人鱼就是这样组合的。

（三）善于分析概括

要善于把同类的若干对象中最具代表性的普遍特征分析出来，然后集中综合成新的对象。如图 4-71 所示，4 岁的孙皓然知道房子可以住人，有门有窗，车子有轮胎，于是把它们组合成一辆带天线的房车。图 4-72 所示的小画家画的是心中充满爱的世界。图 4-73 所示为小画家表现梦想中的世界。

图 4-68　《神勇的龙》（刘佳昆）

图 4-69　《机器战士》（康锦宏）

图 4-70　《流星雨》（张滨铄）

图 4-71　《会走的房子》（孙皓然）

图 4-72　《让世界充满爱》（赵家琪）

图 4-73　《恐龙乐园》（赵梓淳）

（四）善于抓住不同事物间的相似性

要善于抓住不同事物之间的相似性进行想象，如图 4-74 所示。

（五）善于把适合于某一范围的性质扩展到整个等级

想象也可以通过夸张的途径来完成。夸张的关键在于通过用具体的局部去代表未知的整体从而使整体具体化。图 4-75 所示是根据想象夸张手法进行创作的。

图 4-74 《童话森林》（邓知非）

图 4-75 《海之幻梦》（钟泽琳）

二、想象力的产生

想象是一种特殊形式的思维，它是以感性材料为基础，把表象的东西重新加工而产生的新形象，因此任何想象都会有其根源，这是训练幼儿想象力的理论基础。

三、激发幼儿的想象

（一）临摹仿效

在想象力的培养中，模仿往往是第一步。正如你临摹字帖，天长日久就可以写一手好字。模仿是一种再造想象。通过模仿，你可以抓住事物的外部和内部特点。模仿绝不是无意识地抄袭，而是把眼前和过去的东西通过自己的头脑再造出来。与创造相比，模仿是一种低级的学习方法，但是创造总是从模仿开始的。有人说，模仿对于幼儿来说如同独立创造一样重要。

《造车机器人》（图 4-76）和《春天的列车》（图 4-77）的小作者杨浩辰和韩天子模仿生活场景和自然界，进行加工改造，创作出非常生动的画面。

图 4-76 《造车机器人》（杨浩辰）

图 4-77 《春天的列车》（韩天子）

（二）引导幼儿学会观察，获得感性的经验，不断丰富幼儿的表象

要想提高想象力，首先要积累丰富的知识和生存经验；其次要保持和发展自己的好奇心；再次，应善于捕捉创造性想象和创造性思维的产物，进行思维加工，使之变成有价值的成果。提高想象力是非常必要的，它会表现在生活中的方方面面，最基础的肯定是多看、多思考，但还要有更高的要求。

想象力是人不可缺少的一种智能，是人的生活中不可缺少的智慧，要想保持幼儿丰富的想象力，教师应有意识地运用生活中的小事，从小对幼儿进行训练。要经常带幼儿走向大自然，与社会接触，目的就是让幼儿有机会丰富生活经验，在头脑中留下更多的表象，为想象的发展打下基础，如图 4-78 和图 4-79 所示。

图 4-78　《花之梦》（李梓欣）

图 4-79　《火星基地》（曹若轩）

发展想象力的基础是丰富的知识和经验，没有知识和经验的想象只能是毫无根据的空想，或者是漫无边际的胡思乱想。扎根在知识经验上的想象，才能闪耀思想的火花。

经验越丰富、知识越渊博，想象力的驰骋空间就越广阔。丰富的生活经验是提高人们想象力的重要因素。因此，我们应当广泛地接触、观察、体验生活，并有意地在生活中捕捉形象、积累表象，为培养想象力创造良好的条件，如图 4-80 和图 4-81 所示。

图 4-80　《新航母》（吴依凡）

图 4-81　《宇宙冥想》（曾馨怡）

（三）引导幼儿积极思考、打开想象的大门

让幼儿做生活的主人，手和脚动起来。手脚的每一条神经都与大脑链接、受大脑支配，而手脚不同的动作又可促进大脑的发育。研究表明，勤于动手的幼儿更富创造性和想象力。

生活中，幼儿的事情让他自己做，家长不要自作主张地为了节约时间让幼儿学习、写作业，而把应该由幼儿自己做的家务活包揽下来。让他自己收拾文具、床铺、卧室，自己洗袜子、内衣，自己背书包等。要知道，幼儿在动手做事时，脑子也在动呢，如图 4-82 和图 4-83 所示。

图 4-82 《美丽家园》（赵家琪）

图 4-83 《云餐厅》（王婷筠）

（四）给幼儿提供适合的环境、激发幼儿想象的欲望

让幼儿尽量体验各种感觉。幼儿每天更多地生活在视觉的世界里，对其他感觉缺乏体验和锻炼，触觉、视觉、听觉、嗅觉、味觉、灵感对想象力和创造力同等重要。不妨让幼儿戴上眼罩，依靠听觉、触觉等感受世界。闭着眼睛听故事，肯定会和睁着眼睛有不同的感觉。

除了带幼儿外出，在家中也要给幼儿一个良好的环境，帮助幼儿想象力的发展。此外，和幼儿一起做游戏也是鼓励幼儿发挥想象力的大好时机，不只是提供玩具，还要和幼儿一起玩，在游戏的过程中和幼儿一起想象。

给幼儿营造轻松的氛围，鼓励幼儿表达自己的想象。幼儿将想的说出来也是一个过程，他不但是将生活经验梳理的过程，也是将经验在头脑中组织、整理后表达的过程。引导幼儿努力学习科学文化知识，可以发展幼儿的空间想象能力，如图4-84和图4-85所示。

（五）引导幼儿积极参加各种活动

引导幼儿积极参加各种科技、文艺、体育活动，不断丰富生活经验，为发展良好的想象力创设条件。

创造活动特别需要想象，想象也离不开创造活动，因此，积极参加各种创造活动，是培养想象，特别是创造想象最有效的途径之一，如图 4-86 和图 4-87 所示。

图 4-84　《地下藏宝图》（王翊铧）

图 4-85　《未来战士》（乔邦洲）

图 4-86　《下雨啦》（陈鱼儿）

图 4-87　《快乐六一》（尹云逸）

（六）鼓励幼儿大胆想象、引导孩子合理幻想

幻想是想象的一个更高的层次，是一种合理的想象，幼儿的幻想也是在从远离现实的幻想到接近现实的幻想发展的过程（图 4-88 和图 4-89）。如幼儿喜欢外太空，那里有外星人吗？他们长什么样？这就是一个合理的想象，也就是幻想的过程。还可以引导幼儿想象一下未来的交通会是什么样、未来的环境会是什么样？合理的幻想正是创造的开始，也是想象的最高境界，如图 4-90 至图 4-92 所示。

图 4-88　《女王的生日》（钟泽琳）

图 4-89　《回到白垩纪》（侯奕宸）

图 4-90 《立体交通》（张滨铄）

图 4-91 《未来交通》（吴皓辰）

图 4-92 《宇宙之家》（吴依凡）

小贴士

幻想是幼儿的一种宝贵品质。但一个人必须把幻想和现实结合起来，并且积极地投入实际行动，以免幻想变成永远脱离现实的空想。同时，一个人还应当把幻想和良好愿望、崇高理想结合起来，并及时纠正那些不切实际的幻想和不良愿望等。

同学们的想象特点是大胆、无拘无束的，因为有着强烈的好奇心和很容易被激发的求知欲，所以好学、好问、好幻想。幼儿时期是创造力的萌芽时期，也是决定一个人想象力好坏的关键时期。

给幼儿提供刺激，提供可供创造的平台，使他们把“创”出来的思路变成现实，并发现自己具有“创造”这样的潜能。在培养幼儿创造力时，最重要的不是培养创造性思维，也不是培养创造力，更不是非要让他产生一个创造性作品，而是让幼儿发现他天生就有创造能力。当幼儿发现自己拥有创造能力时，就会使精神产生极大的愉悦，在这样的情绪激励下，就会不断地重复创造活动，最终形成创造的习惯。

第五节　幼儿园教学案例分析与作品欣赏

一、教学案例

1．教学目标

培养学生的创新思维和设计意识，促进文化传承和文化自信。

将知识转化为智慧，其实就是以学习为手段，在知识的构建过程中发展各种能力，如观察能力、想象能力、创造能力、逻辑思维能力、捕捉心灵感受的能力、与人合作的能力、发现问题的能力、自己解决问题的能力等。

2．学具准备

四开水粉纸、铅笔、彩色铅笔、油画棒、水粉颜料。

3．课题

选择自己感兴趣的题材进行创作。

（1）带领学生观看各种场景图像资料。

（2）学生分组讨论，并分别介绍自己喜欢的事物。

（3）指导学生创作，针对每位学生进行辅导。

（4）鼓励学生大胆地夸张、异想天开，看谁的作品最富有创意。

（5）展示学生作品，学生之间互评。

二、创意儿童画作品欣赏

图 4-93 至图 4-111 所示为创意儿童画作业。

图 4-93　《雪季》（任祐漪）

图 4-94　《美食城》（李彦皓）

图 4-95　《昆虫之战》（康锦宏）

图 4-96　《海底乐园》（侯奕宸）

图 4-97 《海底实验室》（蒋雨轩）

图 4-98 《夜战》（刘佳昆）

图 4-99 《巨型机器人》（张恩齐）

图 4-100 《远航》（李梓欣）

图 4-101 《小车快跑》（刘懿增）

图 4-102 《水中小屋》（田爱多）

图 4-103 《好姐妹》（牛宝婧）

图 4-104 《鸟形飞船》（钱俊昊）

图 4-105　《为地球穿新衣》（侯奕宸）

图 4-106　《立体交通》(张皓轩)

图 4-107　《乐园》(王婷筠)

图 4-108　《商场》(王一淼)

图 4-109　《姐姐》(吴思凝)

图 4-110　《海底城堡》（李梓欣）

图 4-111　《小兔之家》（李欣遥）

教学建议

在课堂上，要给幼儿输入清晰的概念，在不破坏认知的基础上，让他们具有提取概念、形成概念以及使用概念的能力。幼儿的特性是依靠感知认知世界的，而建立这样的概念，必须依靠真实的生活，它是与现实世界分不开的，知识不再是教会、学会，而是“自己发明”“自己找到”（图 4-112 和图 4-113）。在发明与寻找的过程中，知识转化为经验，智慧化了，真正成为孩子生命的一部分。

想象一下，幼儿在这样的环境里学习是一种什么样的感受啊！不但会乐意学，还会开心地思考；他们轻而易举地学到了知识，这样的学习不但不会封闭他们的灵魂，还会将知识转化为智慧！

图 4-112 《家乡的风景》（肖与筝）

图 4-113 《海底探险》（邢雅涵）

教学心得

如果教师提出一个能使幼儿感兴趣的主题，让幼儿着迷，就能营造出一个很好的氛围，这样幼儿就能很完美地完成课堂内容，这些看起来很简单，做起来非常不易，教师的灵魂、修养与他所受的教育全部体现在这里。

本章小结

总的来说，教师要做的是以下几点。

（1）让幼儿发现自己具有创造、创新的潜能。

（2）提供创造平台。

（3）挖掘与滋养创造精神。

教师在这里扮演的是一个帮助幼小心灵成长的角色，是土壤、是阳光、是养分。为了能够做到这一点，教师一定要不遗余力地让自身充满了营养。

讨论题

（1）幼儿每个年龄阶段所画出的画有什么区别？
（2）幻想与想象的区别是什么？
（3）在幼儿阶段，怎样融入文化的传承与发展地教学？

实训课堂

（1）画一幅有动物、有情节的创意画。
（2）画一幅梦想中的家园创意画。

参考视频（扫描二维码可观看）

彩色铅笔技法 1.mp4　彩色铅笔技法 2.mp4　彩色铅笔技法 3.mp4　彩色铅笔技法 4.mp4

油画棒染色方法 .mp4　曹若轩视频 .mp4　牛宝婧视频 1.mp4　牛宝婧视频 2.mp4

牛宝婧视频 3.mp4　牛宝婧视频 4.mp4　田爱多视频 .mp4　王婷筠视频 .mp4

王一淼视频 .mp4

吴皓辰视频 .mp4

辛蓉予视频 .mp4

杨宇航视频 .mp4

杨宇航视频 2.mp4

赵家琪视频 .mp4

钟泽琳视频 .mp4

第五章

手工的乐趣

学习导语

手工课是学前教育专业必修的基础课，是造型艺术的基础。在手工教学中可以培养学生的动手能力，发展学生的创造才能以及耐心细致的工作态度和良好的工作习惯，这对学生在今后的幼儿园教学中将产生积极的影响。

手工课的内容，要从幼儿的年龄特点出发，选择幼儿感兴趣的、好玩的和有用的内容，而幼儿一般都喜欢颜色鲜艳、造型生动有趣、富有幼儿情趣的纸工和泥工制作。

教学目标

(1) 了解手工的基本知识。

(2) 了解幼儿园手工内容。

(3) 掌握基本手工操作技法。

第一节　手 工 概 述

一、手工制作的表现形式

手工制作是中华民族的传统艺术活动，它有很多的艺术表现形式，如剪纸、泥工、布贴、叶贴、绒贴、豆贴、木屑贴画、草编、毛线编织、金属丝编织、刺绣、泥塑、根雕等。手工制作还可以利用各种废旧材料自制玩具，不但能够美化环境，还可以变废为宝。

二、民间工艺美术与作品欣赏

民间工艺美术是民间文化的重要组成部分，也是大众生活中的民俗艺术。根据用途不同，可分为赏玩的造型艺术和以实用为主的工艺品。总的可分为以下几种。

(1) 绘画，如年画、扇面画等。

(2) 雕塑，如彩塑、面塑等。

(3) 玩具，如泥玩具、布玩具等。

（4）刺绣染织，如蜡染、印花布、刺绣等。

（5）服饰，如民族服装、绣花荷包、鞋垫、首饰等。

（6）家具器皿，如竹器、漆器等。

（7）戏具，如木偶、皮影、面具等。

（8）剪纸，如窗花。

（9）编织，如草编、竹编。

（10）食品，如糕点模、面花面点造型、糖果造型等。

（一）年画

年画在我国具有悠久的历史，其中苏州桃花坞、天津杨柳青、山东潍坊、四川锦竹并称为我国四大民间年画之乡。年画内容分神像、戏文、吉祥喜庆、民间故事、风俗世事等类型。

苏州桃花坞年画是中国江南主要的民间木板年画，其源于宋代的雕版印刷工艺，由绣像图演变而来，至明代已发展成为民间艺术流派，清雍正、乾隆年间是苏州桃花坞年画的鼎盛时期。

桃花坞年画构图对称丰富，色彩鲜艳亮丽，工艺生动精美，采用一版一色的木版套印方法印刷，其形式主要有门画、中画和屏条等，极富浓郁的生活气息和精细秀雅的江南民间艺术风格，如苏州桃花坞刻印的《一团和气》《福》就是很好的例子，如图 5-1 和图 5-2 所示。

图 5-1 《一团和气》

《莲年有余》为天津杨柳青年画代表作品（图 5-3）。画面上的娃娃“童颜佛身，戏姿武架”，怀抱鲤鱼，手拿莲花，作为年画中的经典，广为流传。“连”是“莲”的谐音，年是“鲶”的谐音，“余”是“鱼”的谐音，构思充满情趣，布局丰满匀称，线条挺拔流畅，色彩鲜明典雅，造型生动，富有美感，采用谐音寓意，表达了人们美好的愿望。

图 5-2 《福》

图 5-3 《莲年有余》

（二）剪纸

剪纸，又叫刻纸、窗花或剪画。其区别在于工具是用剪子还是用刻刀。剪纸的载体可以是纸张、金银箔、树叶、树皮、布、皮、革等片状材料。作为中国最普及的民间传统装饰艺术之一，有着悠久的历史，可追溯到公元 6 世纪。其样式千姿百态，造型生动吉祥，用自己特定的表现语言，传达出中国传统文化的内涵和本质。

《老鼠娶亲》如图 5-4 所示，此幅剪纸以民俗故事《老鼠娶亲》为题材进行创作，剪纸中表现的是娶亲环节中喜轿这一场景。

图 5-4 《老鼠娶亲》

第二节　有趣的纸造型

纸工的内容主要包括折纸、撕纸、剪纸、纸塑等。学习运用剪、刻、折、帖、撕、拼、插、卷、编、植等纸工基本技法来制作作品，拼接玩具，纺织书签，做团花、拉花、彩灯和自己喜爱的小动物。

幼儿手工制作是幼儿园美术活动的一种，是幼儿运用各种材料（各种自然材料和废旧物品）、工具，对材料进行加工改造，不断发现制作过程中的问题并尝试解决问题，进而创造立体的艺术表征形象以及表达自我的活动，是一种科学与艺术相结合的活动。

教学建议

手工制作是学前教育专业课程的重要组成部分，也是最基本的实践活动。在手工制作过程中纸工在众多教学内容中占有重要的地位。手工课上教师可以组织学生分组实践活动，在课程开始教师先布置本节课的教学任务，确定纸拼图活动的主题。

例如，以季节为主的《快乐的夏天》《荷塘月色》《美丽的秋天》等，提出要求和作业评价标准，对于重要操作技法要先重点进行讲解，通过案例讲解使学生了解和掌握纸拼贴画的基本技法，之后分组进行操作，在活动中教师辅导、鼓励学生，让学生成为活动的主体，如图 5-5 所示。

在手工制作过程中，可以培养学生的动手操作能力和创新能力，而且可以增强学生对祖国传统艺术的热爱和民族自豪感，对于弘扬中国传统文化起到重要的作用。

此外，手工教学在幼儿园的教学和工作中占有越来越大的比例。因此，在手工教学中应当重视幼教学生综合能力的培养，如动手能力、理解能力、组织能力及语言表达能力等，以适应未来工作岗位的需求，如图 5-6 所示。

图 5-5　拼贴画——荷塘月色

图 5-6　幼教学生手工课

一、折纸造型

折纸造型因材料、工艺简易而较为普及。一般只需要少量的折叠就可以组合出复杂、精细的设计。一般而言，折纸设计由正方形或长方形的纸张折成，有时会配搭不同颜色，结构呈现几何形，形象概括而夸张，带有很强的趣味性。

折纸是训练学生手与脑灵活应用的最好的手工活动。折纸若反复加叠，体积会逐渐缩小，而且再折叠时也会困难，于是就出现用两张纸或多张纸折叠后组合的折法。这样可使形象舒展，折法单纯，便于学习和掌握。

（一）可爱的瓢虫

瓢虫折纸造型如图 5-7 和图 5-8 所示。

图 5-7　可爱的瓢虫

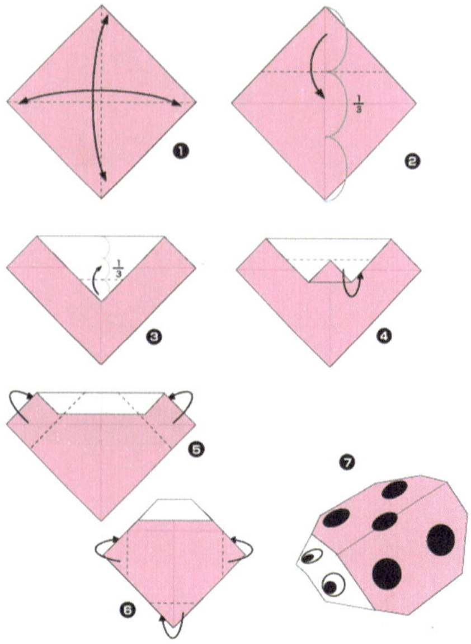

图 5-8　可爱瓢虫折纸步骤图

（二）小狐狸

小狐狸折纸造型如图 5-9 和图 5-10 所示。

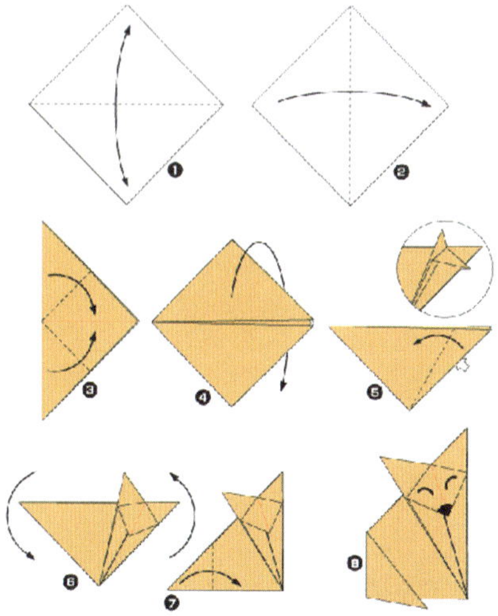

图 5-9　小狐狸折纸步骤图

图 5-10　小狐狸

教学建议

在幼儿园的折纸教学活动中，折纸步骤图是非常必要的手工折纸教学展示教具，如图 5-11 所示。这可以使幼儿对教师所讲的内容与步骤清晰明了、易于掌握。

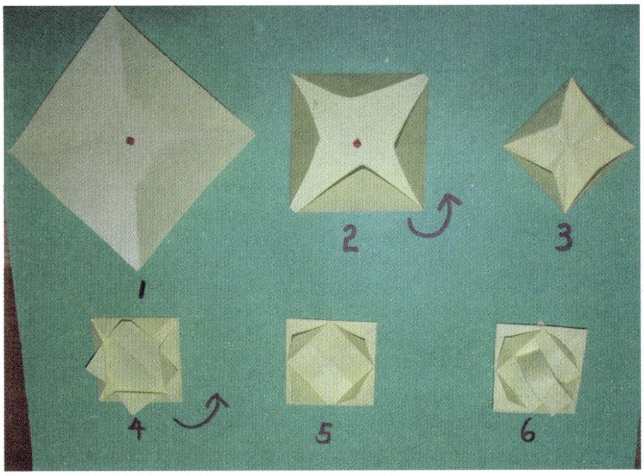

图 5-11　折纸步骤图

二、撕纸

（一）撕纸常识

撕纸是用手撕出造型，一种类似剪纸但和剪纸不同的平面镂空艺术，因为不需要画草稿且不需要工具，是一种完全用自己的身体与纸交流的艺术。

撕纸画是通过徒手撕纸、整形、粘贴等方法来创作图画的一种纸造型艺术，是流传于我国民间最原始、最古老的民俗艺术之一。在幼儿园的美工活动中，撕纸适合年龄较小的亲子班和小班幼儿进行操作，趣味性强，又很安全。

（二）撕纸基本技法

在创作过程中主要运用大拇指和食指、中指的配合，一般左手负责控制纸的角度，右手负责固定，撕纸时要根据不同情况用左、右手的大拇指和其他两根长度适宜的手指一起施力，沿着草图，撕动纸张，四片指甲形成一个类似剪刀的结构。

撕纸画的制作过程分为构思、起稿、撕纸、粘贴、装裱五个步骤。

（三）幼儿园撕纸教学案例与活动设计

题目：《撕纸小鱼》。

1．设计依据

小班幼儿对美术活动中的剪纸手工活动有着很强的好奇心，但由于他们的手部肌肉发育不完全，无法灵活使用剪刀，因此，这里设计了撕小鱼的手工活动，启发幼儿回想各自在生活中看到的不同种类的小鱼，感受鱼儿在水中游戏的情景，从而激发幼儿对美工活动的兴趣。

2. 活动目标

（1）通过撕纸、粘贴、添画组成一幅游鱼图。

（2）使幼儿眼、脑、手都得到锻炼，培养观察能力。

3. 重、难点

（1）掌握撕纸、粘贴、添画方法，组成一幅游鱼图。

（2）撕出鱼的基本形。

4. 活动准备

（1）知识经验准备：幼儿有过撕纸、玩纸的经验。

（2）物质材料准备：白纸、彩纸、胶棒、彩笔。

5. 活动过程

1）开始部分

师生问好。

设计情景，导入新课。

师：小朋友们，老师今天带来了一个美丽的玻璃鱼缸，鱼缸底部铺满了各种各样好看的彩色石子，为了净化水质，老师还在鱼缸里种上了几棵水草，嫩嫩的水草在水中飘摇，好看极了！（贴上鱼缸）瞧，这么一个漂亮的大鱼缸，却没有小鱼来住，是不是太可惜了？

生：是。

师：所以前几天老师带来了一条小鱼，可是鱼缸里就只有一条小鱼，它这几天什么也不肯吃，我想它一定是太孤单太寂寞了（贴上小哭鱼）。咱们一起想想办法帮它找一些小伙伴，好吗？

生：好！

2）基本部分

（1）复习旧知识。

师：上节课，小朋友们学习了撕纸画的基本方法，练习了撕小白兔、小青蛙（贴上节课的作业），许多同学撕得都很好，但还有一些地方撕得不够细致，如一些拐弯处，撕的时候首先要握住“形”，想撕成直线就是直的，想让它拐弯就能拐弯才行（老师边讲边带领学生撕出圆形和三角形）。请小朋友们拿住纸的一部分，由另一只手拇指和食指一点一点往前移动着撕，注意不要用力太猛，速度也不要太快，否则就撕出很长一片，没法收拾了。

师：那下面咱们就用撕纸的方法，为这只可怜的小鱼找小伙伴，好吗？

老师已经画出了小鱼各种不同的小伙伴，你们看！有的鱼有美丽的大尾巴，有的鱼是尖尖的嘴巴、大大的眼睛，你们可以按照老师的范画来撕，也可以自己想象着撕，看看谁撕得好，有创意！就可以让你的小鱼游到鱼缸里来和小鱼做伴啦！（放音乐）

（2）幼儿开始撕小鱼，教师巡视辅导。

师：第一步干什么？

生：用铅笔画出外形。

师：对！首先要在纸上轻轻地画出鱼的外形，然后再撕，撕完后还可以用水彩笔添上鱼眼、鱼身上美丽的花纹，等等。

3）结束部分

师：好了，大家可以把自己撕的小鱼贴到鱼缸上，哇！有这么多可爱的小鱼，瞧！它们吐着泡泡多么悠闲得意啊，再看看这只小鱼有什么变化？（教师换上小笑鱼）

生：小鱼笑了！

师：对，现在它们才是一群快乐的小鱼！

三、剪纸

剪纸，又叫刻纸、窗花或剪画。剪纸的载体可以是纸张、树叶、金银箔、树皮、布、皮、革等片状材料。作为中国最普及的民间传统装饰艺术之一，有着悠久的历史，可追溯到公元6世纪。其样式千姿百态，造型吉祥生动，用自己特定的表现语言，传达出中国传统文化的内涵和本质。民间剪纸作为中国本源哲学的体现，在表现形式上有着全面、美化、吉祥的特征，它生存于劳动者深厚的生活土壤中，具有鲜明的艺术特色和生活情趣。

（一）剪纸的益处

（1）剪纸来源于生活，来源于自然。剪纸的题材除了先辈们创造的现成图案外，日常生活和大自然中有着更多的素材，如山水树木、花鸟鱼虫以及动物、植物和人物，都能成为剪纸的题材。因此，中班、大班幼儿学习剪纸的过程，也是培养他们学习生活、丰富阅历、增长见识的过程，培养他们做有心人，鼓励幼儿亲近自然、学会观察、善于观察，养成观察习惯，提高观察能力。

（2）在剪纸时，要事先通盘考虑好怎么下剪、如何合理利用纸张等问题，手、眼配合协调一致，才能完成一件成功的作品。练就这种协调能力，也有利于幼儿今后的健康成长和发展。

（3）通过剪纸活动，学生受到了美的熏陶，促进和发展了想象力、记忆力、思维能力及综合实践能力，提升了素质，同时也提高了学习能力，促进了其他学科文化知识的学习，为学生今后的成长和发展奠定了良好的基础，还起到了传承中国传统艺术的作用。开掘剪纸艺术的魅力，让中国传统的民族文化世代相传，用剪纸艺术去创造阳光的生活。

教学建议

幼儿剪纸要注意简单、有趣、好学。教师在活动的开始部分，可以选择幼儿平时喜欢的主题，比如可爱的小动物、汽车、亲人以及花、树等有趣的形象，通过讲故事、说儿歌、猜谜语、做游戏等形式，进行教学活动的开始部分。

（二）抓髻娃娃剪纸

民间剪纸中的抓髻娃娃，如始祖像剪纸、燎疳娃娃、扫天婆婆、洞房喜花、七彩纸人造型，被学术界统称为抓髻娃娃——中华民族的保护神与繁衍之神，是古代一身二任的民间神：一为镇邪神，保护自己的族人生命安全；二为生殖神，保佑本族人丁兴旺，子孙不断。

剪纸中娃娃手拉手连成一串的，民间叫“拉手娃娃”，传说中它“神通广大，非常厉害”，抓髻娃娃以不同的造型，广泛流传在各地，它是至高无上的神祖象征，受到民间无限崇拜敬仰。本课的设置是让学生了解民间剪纸艺术美，发扬我国民族、民间优秀的艺术传统，增强学生的民族自豪感。

抓髻娃娃剪纸的方法如下。

（1）抓髻娃娃剪纸民间艺术符号：鸡代表吉祥，具有辟邪作用；荷花、牡丹象征女性；鱼、鸟象征男性。

（2）抓髻娃娃剪纸造型手法：简化、夸张、添加。

（3）抓髻娃娃剪纸纹样的构成形式：对称、连续。

（4）抓髻娃娃剪纸方法：构思、折纸、起稿、剪纸。

抓髻娃娃剪纸如图 5-12 和图 5-13 所示。

图 5-12　抓髻娃娃剪纸（一）

图 5-13　抓髻娃娃剪纸（二）

教学建议

教师讲解抓髻娃娃剪纸造型时，可以先让学生欣赏民间剪纸常用的图案，启发学生的创作思路，然后讲解剪纸的手法，之后可以组织学生以小组为单位进行抓髻娃娃剪纸比赛，建议可以运用二方连续、圆形、方形等构图的折纸方法，剪一组抓髻娃娃。

（三）幼儿园剪纸教学案例

1．幼儿剪纸《妈妈》

（1）对边折。

（2）画出妈妈的头像。

（3）用剪刀剪去脸的内部部分，注意不要剪断。

（4）将对折的纸打开，妈妈的头像就出来了，如图 5-14 所示。

2．剪纸《菠萝》

菠萝剪纸造型，如图 5-15 所示。

（1）将纸沿对角线折叠。

（2）将两个底角部分分别向斜上方折叠。

（3）再沿山折虚线向外折叠。

（4）沿直线非开合边画出菠萝的图案。

（5）用剪刀剪去花心的内部、花瓣边缘、叶子枝干以外部分。注意不要剪断。

（6）将折叠的纸打开，菠萝剪纸就完成了。

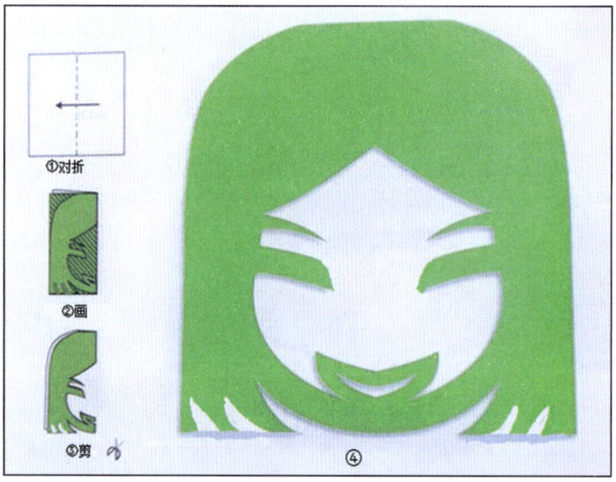

图 5-14 《妈妈》剪纸步骤图

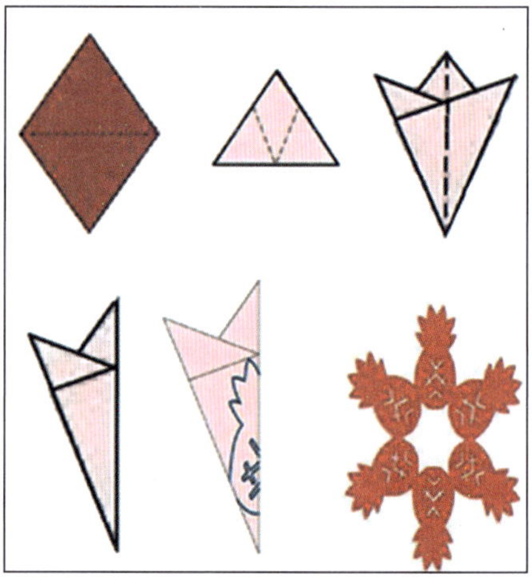

图 5-15 《菠萝》剪纸步骤

四、纸雕塑

纸雕塑是一门新兴的艺术形式，它的特点是塑造立体空间形态，舒展于表层，只要掌握了其中的切割、圈曲、扭转、折叠及撕贴等多种技巧，就能创造出自己的具有新意的作品。纸雕塑造型选择的材料一般是韧性较大的纸张，基本方法有卷曲、切折、粘贴等。

纸雕塑在造型时，应该选择的材料一般是韧性较大的纸张，如较厚的彩色卡纸、素描纸等。

1. 卷曲

曲面的制造方法，用笔杆、木棒等圆柱形工具滚压纸面，卷曲出适用的弧度，使纸面形成一定的弧度，注意纸张的方向性，如图 5-16 至图 5-21 所示。把长条形纸绕在笔杆等圆柱形工具上，使纸条呈螺旋状，可作为纸塑中植物的枝叶、人物的须发等。

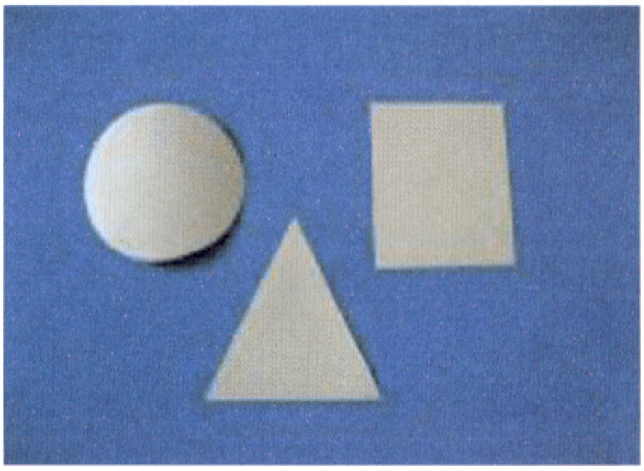

图 5-16　曲面的制造方法（一）

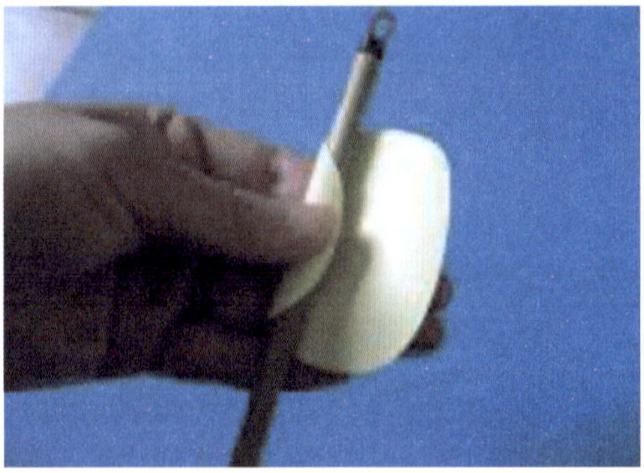

图 5-17　曲面的制造方法（二）

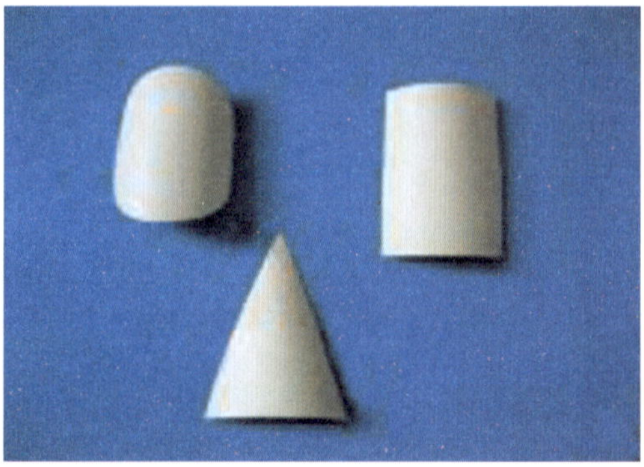

图 5-18　曲面的制造方法（三）

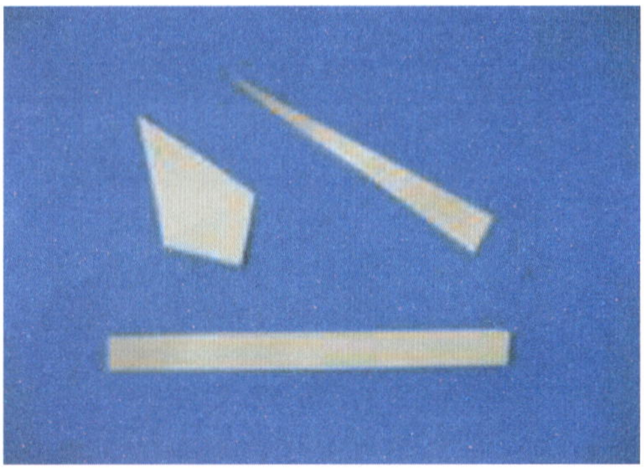

图 5-19　螺旋的制造方法（一）

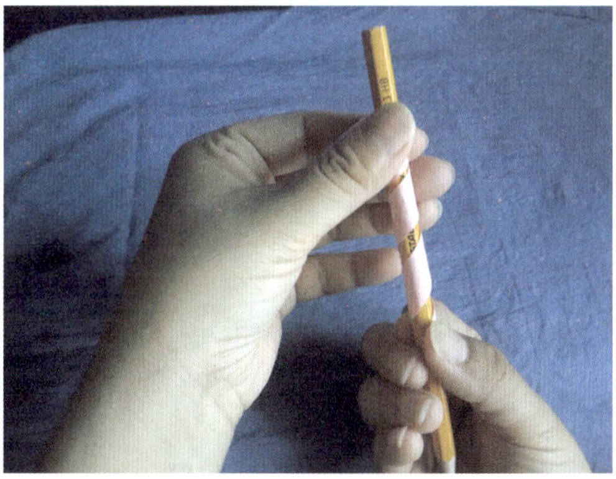

图 5-20　螺旋的制造方法（二）

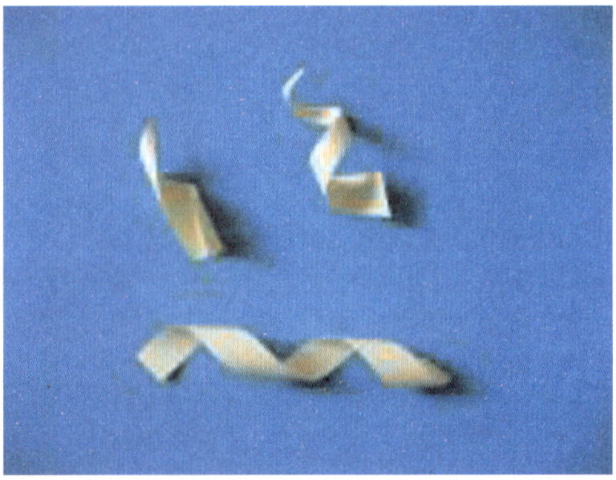

图 5-21　螺旋的制造方法（三）

2．切折

切折即利用直与曲的折线，使平面的纸张具有立体效果，如图 5-22 至图 5-25 所示。曲线切折，先在纸面上轻画切折的痕迹线，然后用刀或坚硬物沿切折线轻划，在切线时注意弧度的顺畅，做出来才会美观，必须注意刀刃用力不要过重，否则容易切断纸面。纸工既可以用于课堂教学，又可以用于幼儿园的装饰，如图 5-26 至图 5-28 所示。

图 5-22　切折方法（一）

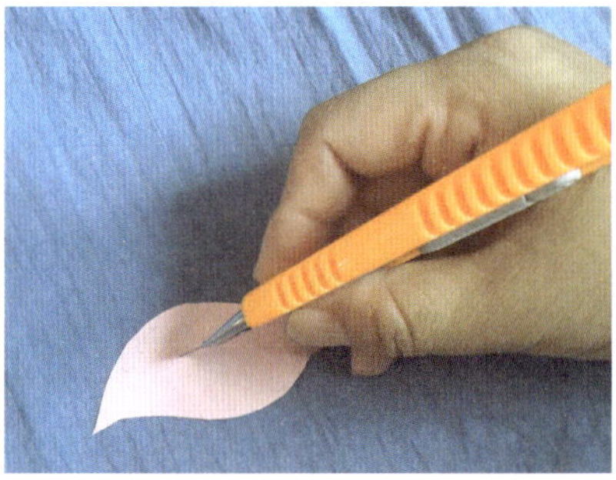
图 5-23　切折方法（二）

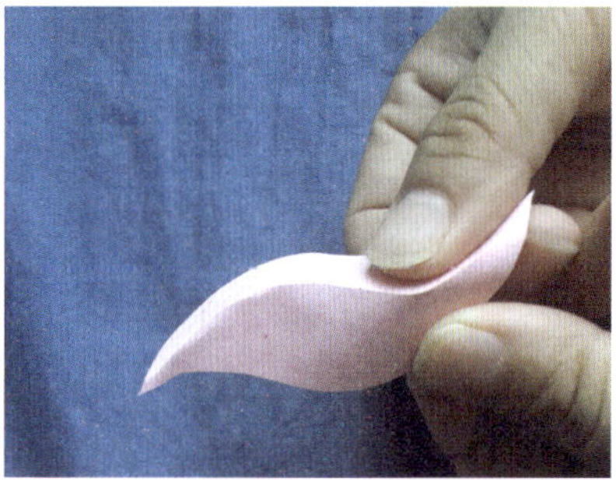
图 5-24　切折方法（三）

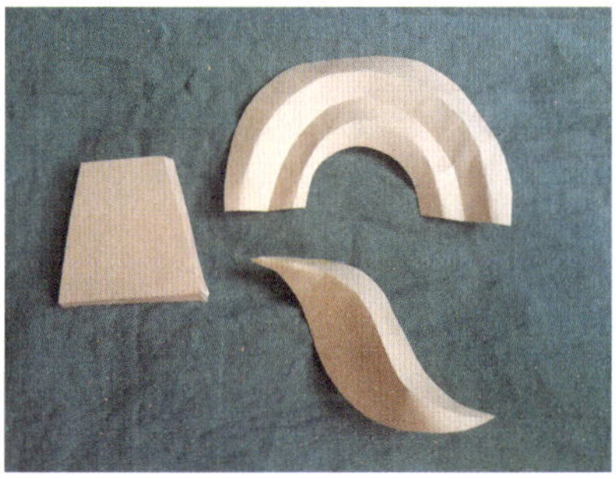
图 5-25　切折方法（四）

图 5-26　中班纸工造型：纸雕塑花盆

图 5-27　中班纸工造型：草裙舞女

图 5-28　纸雕塑应用：幼儿园墙饰

第三节　可爱的泥塑造型

一、泥塑的基本常识

（一）泥塑的概述

泥塑是我国传统的民间工艺美术，具有悠久的历史。它以泥土为原料，以手工捏制成形，或素或彩，以人物、动物为主，在民间俗称“彩塑”“泥玩”，发源于陕西省宝鸡市凤翔县，流行于陕西、天津、江苏、河南等地，2006 年入选中国非物质文化遗产。现列举一些中国传统泥塑的典型代表，供同学们欣赏，图 5-29 和图 5-30 所示为凤翔泥塑。

挂虎泥塑如图 5-31 所示，它的集中产地是陕西省宝鸡市凤翔县的六营村。当地老乡几乎家家户户都会制作泥塑。挂虎通常挂在农家的堂屋正中，用以祈子、护生、辟邪、镇宅、纳福。挂虎属挂片类，艺人们刻意强化虎的威风劲：虎眼圆瞪、紧皱双眉、鼓起两腮、竖直双耳。

在制作传统的挂虎时，强调了色彩强烈鲜艳，双眉为两条相对的鱼（起源于 6000 多年以前的仰韶文明的彩陶纹饰），鼻子为人祖，有趣的是鼻子中插着三根火红的辣椒，据泥塑艺人解说，民间话说妇女的泼辣，借之渲染虎的厉害。虎头的“王”字为牡丹所替代，寓意富贵。虎面多由五谷、花草、蔬果等纹饰装饰，反映了自然界生生不息、开花结果的永恒规律。虎面上还绘有宝葫芦，其象征子孙昌盛。

图 5-29　凤翔泥塑（一）

图 5-30　凤翔泥塑（二）

图 5-31　挂虎泥塑　宝鸡市

扩展阅读

秦汉是我国陶瓷发展史上一个重要的时期，这一时期低温铅釉陶被发明、应用和推广，原始陶瓷完成了向瓷器的演变，我国陶瓷历史进入一个崭新的发展时期。器物上或刻或划，或施彩或上釉，装饰相当美观，色彩鲜艳，图案复杂而生动。

这一时期出现了一批精美的低温铅釉陶塑动物，格外引人注目，有陶鸡、鸭、狗、猪、羊、鸳鸯、犀牛等，动物姿态和性格各异，形象十分生动。图 5-32 所示为彩陶狗。

图 5-32　彩陶狗（汉）

（二）泥塑基本造型方法

泥塑是用黏土塑制成各种形象的一种民间手工艺，它小巧玲珑可爱，适于幼儿学习和操作。泥塑的做法是：在黏土（胶泥）里掺入少许棉花纤维或纸浆纤维，加水捣和均匀后，捏塑成各种人物和动植物毛坯，经过阴干、修理，先上粉底再施彩绘。具体有以下几种手法。

1. 手捏法

这是泥塑造型中最简单、最实用的方法，可用整块泥塑造形象，局部再用手拉、捏、搓、卷、压、插、接、贴等技法刻画，如图 5-33 和图 5-34 所示。

图 5-33　手捏法泥塑（一）

图 5-34　手捏法泥塑（二）

2. 泥条法

用手先将泥搓成长条状，再把泥条围起来，使它成为一种器物，在制作时不要多压，而要尽可能保留各种形态的泥条，形成天然的状态。

3. 泥板法

利用厚薄不同的泥板垒拼接或切割出事先想好的形象，然后通过各种泥塑技法做出点、线、面和肌理效果进行装饰，如图 5-35 所示。

图 5-35　泥板法泥塑

4. 挖空法

为了稳住重心和节省材料，在泥塑造型时先不考虑泥坯的厚度，而是完全以实心成型，待到外部稍硬一些时，再切成若干部分，挖去内部使之成为空心，局部再用泥拼接而成为完整的泥塑作品。

5. 借助它物法

借助某一器物，如杯子、玻璃瓶、雪碧瓶、纸杯、报纸、废旧的玩具等作为中介物，在外面较封闭地贴满各种图案，做好的泥片或围筑泥条，使其巧妙成型，如会动的小泥人、动物、好看的花瓶、茶具等，如图 5-36 和图 5-37 所示。

图 5-36　借助它物法泥塑（一）

图 5-37　借助它物法泥塑（二）

二、泥塑常用工具与材料

（一）泥塑常用的工具

泥塑常用的工具主要包括塑型木刀、带状扁丝刀、环形大扁丝刀、海绵、不锈钢刮刀、铝棒穿刺针、割泥绳、陶工木片，如图 5-38 所示。

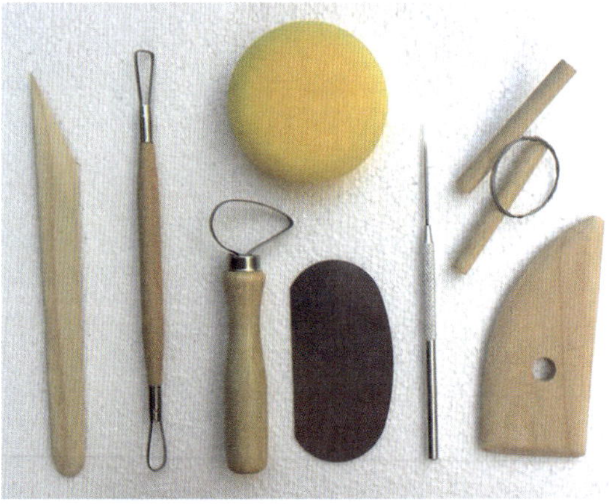

图 5-38　泥塑陶艺工具

(1) 塑型木刀：特有的两个顶端，可以很好地为黏土塑型。
(2) 带状扁丝刀：精细切割和修整黏土，增加一些细节设计。
(3) 环形大扁丝刀：用于修整黏土的形状，控制黏土壁的厚度。
(4) 海绵：制作时给黏土加水或吸水，也可以给已烘烤完毕的陶器进行中度打光。
(5) 不锈钢刮刀：可以用来修整黏土的形状，使黏土更加平滑。
(6) 铝棒穿刺针：切割黏土土条、设计陶器，并可用于在陶珠上打孔。
(7) 割泥绳：切割大块黏土，将陶罐从旋盘上割离下来。

(8) 陶工木片：用于黏土的开口、成型，使之平滑。

(二) 泥塑的主要材料

泥塑的主要材料包括橡皮泥、纸黏土、黄泥、陶泥、软陶等。其中以黏土为主要材料，黏土具有较大的可塑性，泥塑大多是立体塑造，它采用概括、夸张、比喻、拟人等艺术手法创作，对于培养形象思维能力和立体造型能力起到重要的作用。目前有一些比较方便、干净、易操作、易保存的新型泥塑材料，受到普遍的推崇，如软陶、纸黏土等。

1. 软陶

"软陶" 其实并不是陶，而是一种人工的低温聚合黏土，它是一种土，是一种必须放进烤箱烘烤成型的土，而且烤出来有一种自然的光泽感，不同颜色的土可以聚合、塑造成各种千变万化的图样和形状，如图 5-39 所示。

图 5-39　软陶材料

软陶可以用来装饰器物，也可以直接塑造形象，如图 5-40 和图 5-41 所示。

图 5-40　软陶装饰的器皿（一）

图 5-41　软陶装饰的器皿（二）

2．纸黏土

纸黏土是一种流行于欧美、日、韩等国家的软雕塑材料，因为原料主要是纸纤维，所以也叫它纸浆泥或者纸黏土。纸黏土包括超轻纸黏土和传统纸黏土两种。超轻纸黏土成分包括发泡粉、水、纸浆、糊剂，超轻黏土作品不需烘烤，自然风干。干燥定型以后，质量特别轻，还可用水彩、油彩、亚克力颜料、指甲油等上色，有很高的包容性；传统纸黏土的成分包括胶质、纤维（和长石）等。纸黏土作品如图 5-42 所示。

图 5-42　纸黏土作品

三、教幼儿学习泥塑

教学方法如下。

(1) 刚开始可以让幼儿自由玩泥，在这个过程中，让幼儿对泥的特性有了最初的了解，增加了对泥的感性认识，对泥塑产生强烈兴趣。

(2) 教幼儿简单、常见的基本形的揉捏方法。基本形如圆形（球形）、卵圆形（可形象地称为鸡蛋形）、扁圆形、圆锥形、圆柱形、长方形、正方形等。其中以圆球形、圆锥形的使用频率最高。圆形是基本的形状，人物、动物的头部以及器物等的塑造都离不开它；而圆锥形则是许多动物造型的基础，如老鼠、刺猬、鸭子等。掌握基本形的技法，就可以组装成各种造型了，如图 5-43 和图 5-44 所示。

图 5-43　学生泥塑展示（一）

图 5-44　学生泥塑展示（二）

(3) 泥塑与游戏结合激发幼儿的兴趣。在幼儿园的泥塑课上，教师可以开展一系列游戏，在游戏过程中让幼儿学会最基本的泥塑技法。例如，教师可以指导幼儿开展过家家游戏。过家家游戏是幼儿最喜欢的游戏之一，幼儿对做饭非常感兴趣，制作他们熟悉的食品，对他们来说有非常大的吸引力。

教师讲授搓汤圆、做馒头、穿糖葫芦、烤大饼情节，让幼儿们在游戏中轻松掌握搓、捏、压、团以及分泥等技能，为活动的进一步深入打下良好的基础，如图 5-45 和图 5-46 所示。

图 5-45　学生泥塑展示（三）

图 5-46　学生泥塑展示（四）

第四节　版画与拼贴画

一、版画

版画是绘画形式的一种。它用刀具或化学药品等在版上刻出或腐蚀出画面，然后复印于纸上。版画主要有木版、石版、铜版、锌版、麻胶版等品种。

按使用材料不同，可分为木版画、石版画、铜版画、锌版画、瓷版画、纸版画、丝网版画和石膏版画等。

按颜色不同，可分为黑白版画、单色版画、套色版画等。

按制作方法不同，可分为凹版、凸版、平版、孔版、综合版和电脑版等。

按照制作技法，可分为凸与凹两类版版画。其中，凸版版画可分为木面木刻、木口木刻、水印木刻、油印木刻；凹版版画可分为凹雕版、腐蚀版、美柔汀版，如图 5-47 和图 5-48 所示。

1．儿童版画

儿童版画是少儿美术教育的重要组成部分，它是手工和绘画的综合体，对幼儿动手动脑及创新能力、实践能力的培养是其他课业形式所不能替代的，它集绘画、手工制作于一体，是手工和绘画的综合体，其灵活的构图、淳朴的用色与幼儿稚趣十足的美感特点极为契合。

通过版画的学习，可以提高幼儿的动手、动脑及创新设计能力，对实践能力也有一定的培养，是其他课业形式所不能替代的。

2．简易纸版画与制作步骤

（1）纸版画。幼儿由于动手能力较低，因此可以利用吹塑纸及一些综合材料制作版画，由于纸版画所需工具、材料简便，特别适合幼儿学习，具有简单、易学的特点。具体需要的工具有吹塑纸或海绵纸、圆珠笔、水粉画颜料（或国画颜料）、橡胶磙（可用橡皮管、木棒等自制）、油画棒、毛笔等。

图 5-47　凹版画（一）

图 5-48　凹版画（二）

（2）简易版画的制作步骤如图 5-49 至图 5-53 所示。

图 5-49　简易版画的制作步骤（一）

图 5-50　简易版画的制作步骤（二）

图 5-51　简易版画的制作步骤（三）

图 5-52　简易版画的制作步骤（四）

图 5-53 简易版画的制作步骤（五）

二、拼贴画

拼贴画属于工艺美术范畴，常用的材料有报纸、种子、果壳、贝壳、羽毛、树皮、布帛、皮毛、通草、麦秆等。在幼儿园的拼贴画教学活动中，教师应为幼儿提供丰富多样的材料，鼓励幼儿大胆想象，寻找一切可能的材料作为拼贴的材料。

（一）常用的拼贴材料

（1）纸张：包括色纸、粉彩纸、月历纸、包装纸、皱纹纸、瓦楞纸、牛皮纸、玻璃纸、报纸、卫生纸、广告纸、海棉纸等所有能够收集得到的纸。海绵纸全名叫海绵发泡纸，在幼儿园的手工活动和环境墙饰装饰中发挥着极大的作用，如图 5-54 至图 5-56 所示。

（2）布头：如绒布、棉布、纱布、棉花、麻布等。

（3）植物：如树叶、树皮、树枝、种子、花瓣、茅草、藤条等。

（4）动物：如贝壳、羽毛、蛋壳、皮革等。

图 5-54 海绵纸拼贴画

（5）金属：如螺丝钉、电线、瓶盖、易拉罐盖等。
（6）线绳：如丝线、棉线、毛线、麻绳、头发、动物的毛、尼龙绳、铜丝、电线等。
（7）其他：如卵石、软木塞、吸管、纽扣、火柴棒、底片、牙签、软陶泥等。

图 5-55　纸盘拼贴画

图 5-56　纸拼贴画

（二）有趣的拼贴画

1．植物皮、果壳粘贴画

瓜子、花生、开心果等许多果壳都是粘贴的好材料。将这些果壳天然的造型巧妙利用，这样拼贴出的画面具有生动、形象的效果。例如，用一半的栗子壳粘贴成“刺猬”“鸟窝”；用树叶粘贴成“小鸟”“猫头鹰”“小船”等，如图 5-57 所示。

图 5-57　树叶粘贴画

2．蛋壳粘贴画

剥去蛋壳的薄膜捣碎，着上各种颜色，然后粘贴在画有轮廓线的图内，即成画，如图 5-58 所示。

3. 种子粘贴画

根据画面的需要，可以选择不同形状，不同颜色的种子拼粘成画，如图 5-59 所示。

4. 贝壳粘贴画

平时收集各种贝壳，洗净晒干备用，教师可以引导幼儿根据贝壳的形状特征来构思图案，用橡皮泥或胶水粘出画面。

5. 笔、勺子的粘贴画

平时家中用完的五颜六色的旧笔、一次性勺子是粘贴的好材料，将它们进行排列组合，再粘贴在纸上，其画面效果立体而又富有视觉效果，如图 5-60 所示。

图 5-58　蛋壳粘贴画

图 5-59　种子粘贴画

图 5-60　多种笔、勺子粘贴画

用最常见的海绵纸与纸盘也可以拼贴出美丽的作品，如图 5-61 和图 5-62 所示。

图 5-61　海绵纸粘贴画（一）

图 5-62　海绵纸粘贴画（二）

第五节　幼儿园教学案例分析与作品欣赏

一、教学案例

题目：小班手工教案：暖和的手套

（一）设计依据

小班幼儿的手部肌肉力量不灵活，不能有力地完成精细动作。但他们对手工活动有其天性的爱好，平常喜欢用各种材料拼贴，因此，这里设计了“暖和的手套”活动，让幼儿借助小手画出手套的外形，并用皱纹纸揉出小纸球粘在手套上，在活动中锻炼幼儿手指的灵活性，同时也培养幼儿对手工的爱好和兴趣。

（二）活动目标

（1）引导幼儿学习借用小手的形状来作画。

（2）学习揉纸球。

（三）重、难点

（1）活动重点：借助小手来画手套的外形，并用小纸球粘贴图形。

（2）活动难点：能够很好地掌握揉纸的方法。

（四）活动准备

（1）知识经验准备：有揉纸的经验。

（2）物质材料准备：黑水笔、皱纹纸、胶棒。

（五）活动过程

1．开始部分

（1）教师出示多幅手套的图片，请幼儿说一说手套的作用。

提问：“孩子们你们看老师手里拿着是什么？它有什么作用吗？”

幼儿回答：手套的作用，保暖、保护手。

（2）激发幼儿的兴趣。

教师：“那你们喜欢漂亮的手套吗？今天老师来教你们制作手套，好不好？”

2．基本部分

（1）教师出示范画，请幼儿欣赏。

① 将左手五指张开放在纸上，右手拿黑水笔沿左手轮廓画出手形。

② 用不同的皱纹纸揉出许多小纸球。

③ 在手形里涂上糨糊，将小纸球粘在上面。注意颜色的搭配。

（2）幼儿操作，教师巡回指导。

① 提醒幼儿不要将黑水笔往手上画。

② 鼓励幼儿大胆揉纸球。

3．结束部分

将作品进行展览，互相欣赏，如图 5-63 所示。

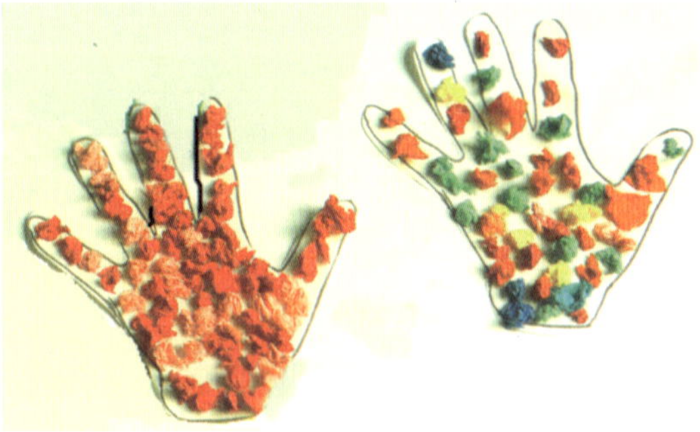

图 5-63　揉纸粘贴画

体验手工快乐：“好了，小朋友们，你们今天都制作出了自己的小手套，都非常漂亮，表现真棒！想一想，还可以用什么材料装饰你们的手套呢？（毛线、碎布、豆子）把作品带回家给爸爸妈妈看看好不好，也教教爸爸妈妈，你们是怎么做出这么可爱的小手套好不好？”

教学建议

教师在后续的教学中，可以为幼儿多准备一些材料，如羽毛、小亮片、果壳、瓶盖等，让幼儿尝试综合材料的手工拼贴，切忌单一的材料。也可以发动幼儿收集材料，增加幼儿参与活动的积极性，体验活动的快乐。

二、幼儿教具欣赏

作为幼儿园教师，在平时的美术教学中及生活中要善于积累总结、积极创造，利用身边的可用之物进行创意组合，做出小朋友喜爱的教具。

（1）普通的纸箱可以通过改造和装饰做成幼儿游戏中的小旱船，如图 5-64 所示。

图 5-64　旱船

（2）幼儿园课间的游戏时间，孩子们玩得最开心，扔布飞盘、过树林障碍，这些好玩的教具都是出自幼儿园教师的一双双巧手，如图 5-65 和图 5-66 所示。

图 5-65　布飞盘

图 5-66　树林障碍

（3）快过年了，要有喜庆的颜色，红色的腰鼓、漂亮的灯笼装饰着幼儿园的每个角落。这些都是用生活中的废品制作的，用肯德基的全家纸桶做的腰鼓、用白酒的包装盒做的过年用的灯笼，如图 5-67 和图 5-68 所示。

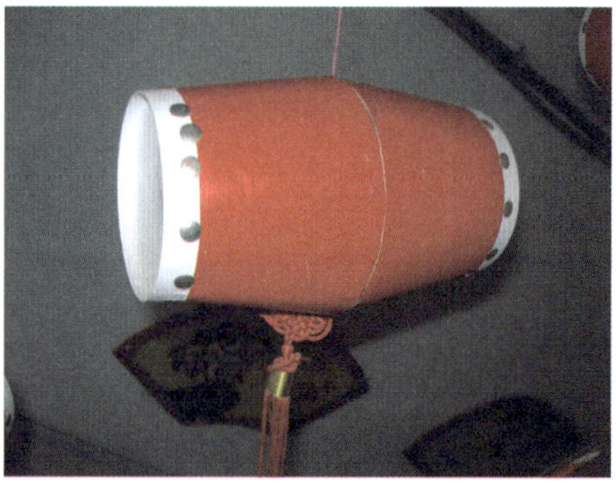

图 5-67　腰鼓

图 5-68　灯笼

（4）幼儿园里的超市开张了，东西真不少，有用泡沫材料做成的胡萝卜、土豆、冬瓜、冰激凌，还有小朋友最喜欢吃的糖葫芦，如图 5-69 至图 5-73 所示。

图 5-69　胡萝卜

图 5-70　土豆

图 5-71　冬瓜

图 5-72　冰激凌

图 5-73　冰激凌车

本章小结

手工制作在幼儿园的美工课中是必不可少的内容，它对幼儿手部肌肉的锻炼、大脑的开发都起到很好的作用。手工制作有很多的艺术表现形式，如剪纸、泥工、布贴、叶贴、绒贴、豆贴、木屑贴画、草编、毛线编织、金属丝编织、刺绣、泥塑、根雕等。手工制作还可以利用各种废旧材料自制玩具，不但能够美化环境，还可以变废为宝。

讨论题

（1）如何让幼儿喜欢手工课？

（2）幼儿园手工教学的注意事项是什么？

（3）幼儿园手工课导入的形式有哪些？

实训课堂

（1）以幼儿园大、中、小班手工课为例，设计一个活动教案。

（2）结合本地区民俗特色，以一种民间泥塑为原型，让学生通过图片、实物了解民间泥塑的特点，然后体验制作或涂色的乐趣，如图5-74所示。

图5-74　北京兔爷

参考视频（扫描二维码可观看）

双三角两种折法.mp4

（3折、4折、5折、6折）折纸折法.mp4

第六章

幼儿园墙饰设计与布置

学习导语

本章首先讲解幼儿园墙饰的含义，其次简要介绍了幼儿园墙饰的主要分类，最后提出幼儿园墙饰设计与布置的内容与要求。学生通过本章的学习，可以初步了解幼儿园墙饰的主要内容和注意事项，为今后的幼儿园工作奠定基础。

教学目标

(1) 了解幼儿园墙饰的含义。

(2) 了解幼儿园墙饰的种类。

(3) 掌握幼儿园墙饰的具体设计方法。

第一节　幼儿园墙饰的概述

一、幼儿园墙饰的含义

墙饰是对幼儿园建筑空间墙面的美化创造，它具有装饰性、教育性、参与性、趣味性等多重功能，它在开发幼儿智力、陶冶幼儿情操、促进幼儿社会性发展等方面发挥着特殊的作用。

主题墙饰主要是在幼儿园各班班级中，以各学期相关教育内容为主题的设计。例如，红花榜设计，教室主副墙饰设计，公告栏、各区角的边饰设计等。

环境作为一种“隐性课程”，幼儿园墙饰的多元互动在幼儿园的教育活动中，在开发幼儿智力、促进幼儿个性方面，越来越引起人们的重视。“让幼儿园的每一面墙都能说话”成了当前教育界时髦的口号，教育者逐渐认识到要促进幼儿健康和谐地发展，环境创设是很重要的一环，因为幼儿是在与环境交互作用的过程中得到发展的。

教学建议

幼儿园很重视环境育人，布置宣传栏是幼儿教师必备的本领。幼儿园的宣传栏一般称为家园驿站、家园桥、温馨家园或亲亲家园，在设计宣传栏时，应用温馨可爱的图案作背景，色彩可以鲜艳一点，配以生动的卡通人物、动物等，文字宜采用卡通字体。图 6-1 所示为家园桥。

要吸引家长的眼球，“家园互动栏”的设计很重要，进行版面设计时，重点在内容，版面只是一个衬托，因此切忌喧宾夺主。在制作材料的选择上要首选鲜艳耐用的，如吹塑纸、卡纸等，颜色运用上不宜过多；否则太花哨会引起视觉疲劳，简洁、大方即可。

图 6-1　家园桥设计

二、幼儿园墙饰的种类

（一）按地理位置划分

幼儿园墙饰类型以地理位置划分，可分为幼儿园室外墙饰和室内墙饰。

1．幼儿园室外墙饰

幼儿园室外墙饰，如幼儿园大门墙饰、幼儿园围墙墙饰、幼儿园走廊墙饰、幼儿园楼梯墙饰。装饰时要注意整体形象要简洁、明快，有新意和视觉冲击力，要富有童趣，能够吸引幼儿的目光，使幼儿对幼儿园产生兴趣，如图 6-2 和图 6-3 所示。

图 6-2　幼儿园楼梯设计

图 6-3　幼儿园室外活动场地背景墙饰设计

2．幼儿园室内墙饰

幼儿园室内墙饰，如班级大门墙饰、活动室墙饰、寝室墙饰、盥洗室墙饰、舞蹈室墙饰、美术活动室墙饰等。教师在装饰时要考虑各自功能的不同，做到富有童趣、美观、符合整体大环境。

（二）按创设形式划分

根据创设形式、设计性质的不同，可分为常规墙饰设计、装饰性墙饰、主题墙饰设计、互动墙饰和功能性墙饰等。通过不同的墙饰，从而传达不同的信息，激发幼儿内在的积极性，让幼儿在幼儿园快乐地生活、学习、游戏。

1．常规性墙饰

幼儿园常规性墙饰有很多，如园标、食谱、一日的作息安排、班牌、室内的各种标志提示、家园联系栏等，如图 6-4 和图 6-5 所示。

图 6-4　家园联系栏设计

图 6-5　值日表设计

（1）班牌是幼儿园每个班挂在门框上的标志，是给幼儿班级印象的第一个墙饰。可以由幼儿园统一设计，也可以由各班教师根据自己班级特色师生共同设计制作，从而体现个性。

（2）标志提示通常用在幼儿园区角活动中，它可以提示幼儿这些地方是做什么的、要遵守哪些规则，这些标志提示对幼儿的行为习惯可以起到指导作用，如图 6-6 所示。

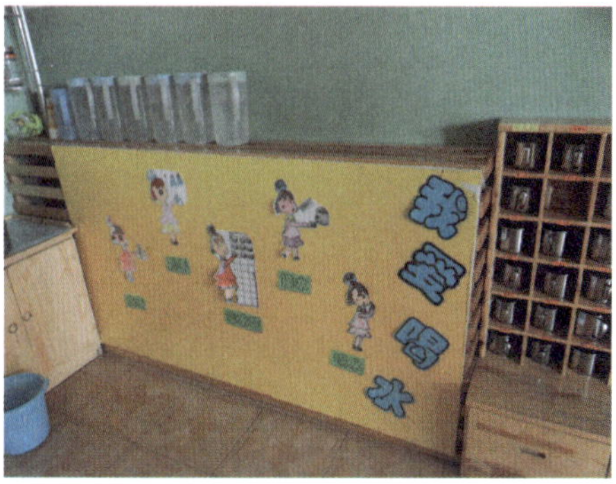

图 6-6　标志设计

2．装饰性墙饰

装饰性墙饰是指以装饰观赏、美化墙壁为主的墙面布置。这类墙饰多体现在美工区、楼梯或走廊处，教师提供一些美术欣赏作品或工艺品图片，培养幼儿的观察能力和审美能力，如图 6-7 至图 6-10 所示。

图 6-7　线描作品展览

图 6-8　绘画作品欣赏

图 6-9　手工、绘画作品欣赏

图 6-10　美工区墙饰设计

3. 主题墙饰

主题墙饰主要是在幼儿园各班班级中，以各学期相关教育内容为主题的设计，包括红花榜设计、教室主副墙饰设计、各区角的边饰设计，如图 6-11 和图 6-12 所示。

图 6-11　主题墙饰设计：海洋中的帆

图 6-12　主题墙饰设计：丰收的果实

4. 互动性墙饰

互动性墙饰是让幼儿参与墙饰材料的准备和制作的过程，根据幼儿喜欢动手操作的特点而创设的，幼儿既能观察又能参与动手操作，它是师生互动共同完成的一种墙饰制作形式。这类墙饰不求多美，但求孩子们喜欢，能读懂它，能参与其中。

这类墙饰能促进幼儿动脑思考问题的能力，并能启发幼儿去关心身边的事物、关注生活、关注环保。这类墙饰可以经常性地变换主题，如图 6-13 和图 6-14 所示。

图 6-13　互动性墙饰：植物观察记录

图 6-14　互动性墙饰：我的名字在哪里

教学建议

互动性墙饰的设计要点

（1）了解和掌握各年龄段幼儿的特点。

(2) 正确选择各年龄幼儿互动墙饰的制作内容。

(3) 设计教学活动方案。

(4) 调动幼儿参与制作的积极性。

5. 功能性墙饰

在教育对象、课程、文化形态的影响下，幼儿园功能性墙饰主要包括以下四类。

(1) 教育功能墙饰。

(2) 对话功能墙饰。

(3) 表现功能墙饰。

(4) 美育功能墙饰。

第二节　幼儿园主题墙饰的设计

一、主题墙饰的表现形式

(一) 平面式

1. 不规则散点构图

这类构图多为散点式，外形不规则。常用的材料有卡纸、吹塑纸、海绵纸、色布等，将形象画下剪贴在墙面上，也可以直接画在墙面的画纸上。这类墙饰给人以活泼、自由、生动的效果，适合小班活动室。注意颜色的基调要统一，形象布局有一定规律；否则会给人凌乱的感觉，如图 6-15 所示。

图 6-15　我是小主人

2. 规则的图片

这类墙饰构图严谨、外形规则，呈现方形、圆形的构图。常用于大班或学前班等活动室或门厅、过道地方的主题墙面装饰。此种墙饰要结合主题活动，做到内容契合幼儿的兴趣，造型夸张活泼、可爱，颜色鲜艳协调，不呆板，如图 6-16 和图 6-17 所示。

图 6-16　我们都是好朋友（一）

图 6-17　我们都是好朋友（二）

（二）半立体式

将平面的纸经过折叠、粘贴，呈现半立体效果，也可将海绵纸里填充蓬松棉制造半立体效果，还可以利用立体状的物品，如废旧物品、绳子、贝壳等，经过剪、卷、拼插，使之呈现半立体状态、浮雕的效果。

这类墙饰形式比较灵活、生动、真实，色彩鲜艳，有层次感，但要注意主次分明、构图紧凑、色彩协调、主题明确，如图 6-18 和图 6-19 所示。

图 6-18　春天的气息

图 6-19　海绵纸材料制作的墙饰

（三）立体式

将立体状的废旧物，如纸盒、瓶子、包装纸等，制作成房子、汽车、火车、灯笼等立体物品，根据主题的需要粘贴或悬挂于墙上。这种形式不仅生动有趣，还能制造强烈的空间层次感，非常吸引小朋友的目光，如图 6-20 和图 6-21 所示。

图 6-20　立体式墙饰

图 6-21　秋千

（四）综合式

综合式墙饰是将平面式、半立体式和立体式综合应用，形象层次丰富、活泼有趣，但要避免凌乱和因材料不统一而造成的不协调，如图 6-22 所示。

图 6-22　植物角主题墙饰

教学建议

幼儿园墙饰的设计原则

一般而言，幼儿园墙饰创设遵循的原则是：大块面上体现统一、小处理上体现差异。在设计时要具体从以下四点出发。

(1) 要符合幼儿的心理特点。

(2) 注重画面构图，立意独特，构思要新颖。

(3) 提升整体的设计意境，力求与整体环境相协调。

(4) 装饰手法与材料运用的多样性。

二、主题墙饰的制作技法

（一）墙体彩绘技法

幼儿园墙体彩绘也称为幼儿园墙体画，是近年来幼儿园装饰墙中用手绘涂鸦表现的最普遍方式，通常以卡通人物、动物、风景以及迪士尼形象作为绘制的对象。手绘墙饰图案通常使用勾线填色的方法，以突出视觉效果。

绘画步骤如下。

（1）确定主题，构思手绘图案，用粉笔或铅笔在墙上画好草图。

（2）在地面和图案以外的墙面铺满报纸，以使图案外的地面和墙体不被颜色污染。

（3）进一步修改草图，用排刷笔将墙上轻轻扫淡，只有一些痕迹。

（4）开始涂色，根据图案面积的大小选用不同型号的排笔。注意整体画面颜色鲜艳且协调。

（5）如果不小心涂错，不要着急擦拭，待干后用白色覆盖。

小贴士

手绘墙画用的颜料可以是丙烯颜料或墙画涂料，墙面的基层处理比较重要，一般在刷好乳胶漆的墙面上画画，所以墙面的找平、刷底漆、墙绘图案等要事先准备。打底稿时，如果没有美术功底的人，要想在墙上画好底稿，在用笔时一定要轻轻勾出草稿轮廓，满意后才可以涂色；否则不容易修改。

（二）平面剪贴画技法

1．剪贴画概述

剪贴画是一种特殊的画，它与真正绘画不一样的地方在于剪贴画不用笔和颜色，而是利用各种材料剪贴而成的。这些材料大多是日常生活中废旧物品，如旧毛线、报纸、树叶等材料，通过剪裁、拼贴、折叠、组合等形式，制作出具有一定主题、层次感、立体感和视觉冲击力的画面。所以，有人称剪贴画是“环保艺术品”，如图 6-23 所示。

图 6-23　学习园地

2．制作剪贴画的基本步骤

（1）确定主题，构思草图。

（2）勾画图形，确定主题墙的色调。

（3）选择材料，用透明纸将图形复制到彩纸上，并剪下来。

（4）拼贴组合，调整完成。

（5）对边框、背景等进行必要的修饰。

教学建议

幼儿园墙饰的设计要点

(1) 墙饰设计要符合儿童的心理特点。
(2) 构思新颖，立意要独特。
(3) 注重画面构图、情节的对比。
(4) 装饰手法与材料运用的多样性。
(5) 力求与整体环境相协调。
(6) 以幼儿的视角为中心。
(7) 提升整体设计意境。

（三）玻璃粘贴装饰画技法

玻璃装饰画是在玻璃上进行装饰、绘画的一种艺术表现形式。幼儿园玻璃粘贴装饰画是对幼儿园窗户的装扮，它将玻璃彩绘、玻璃装饰、手工相结合，在美化幼儿园的同时，对幼儿的认真发展、审美能力的提高都起到潜移默化的作用。

玻璃粘贴装饰画的使用要点如下。

(1)在装饰玻璃时注意不要遮挡光线，可以采用通透的广告纸（不粘纸）来剪贴装饰，这样既美观又不影响教室的光线。

(2) 窗户上粘贴的图案尽量避免面积较大，以免遮挡光线，建议采用镂空的图案。

(3) 在材料选择上可以根据设计需要，利用多种材料，如卡纸、不粘纸、瓦楞纸、毛线等，通过剪裁、折叠、镂空、拼贴、悬挂、组合等形式装饰在窗户上，构成一定的主题，形成一定的空间感，为教室环境的美化起到点睛的作用，如图 6-24 所示。

图 6-24　玻璃剪贴装饰画

（四）半立体纸雕装饰画技法

半立体纸雕装饰画是介于平面剪贴和立体构成之间的一种艺术表现形式，它是在平面材料的基础上对某一局部加工处理，使之在视觉和触觉上具有一定的立体感，如图 6-25 所示。

图 6-25　半立体装饰画

（五）自然与废旧材料装饰技法

自然与废旧材料装饰技法，就是利用生活中被一次性使用后的垃圾或废旧物品，经过加工处理变成装饰的材料，如包装盒、塑料瓶、旧毛线、碎布、旧轮胎、一次性餐具、纸盘等。

这些材料的循环利用不仅使有限的资源得到充分利用，还能节约办园资金，培养师生对环境保护的认识。比如，可以将装鸡蛋的纸盒进行涂色，制成大鱼悬挂在教室里；也可以把一些生活物品进行改造组合，形成新的艺术品，如图 6-26 和图 6-27 所示。

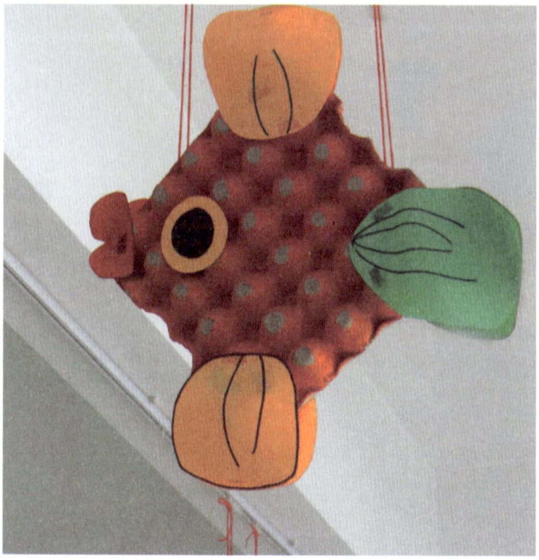

图 6-26　鸡蛋盒做的鱼

图 6-27　综合材料做的花瓶

教学建议

自然与废旧材料收集的原则

(1) 安全性。对于玻璃器皿一定要检查是否有破损；旧轮胎是否有气味或破损严重，有无钢丝露出；包装盒是否被污染；塑料瓶要清洗干净等这些都属于安全范畴。

(2) 耐用性。选择材料要挑选结实耐磨的，如作为体育器材的物品要结实。

(3) 美观性。作为废旧物品，也要进行筛选，从中选出一些独特造型的加以改变，变废为宝。

第三节　家园联系栏的设计

一、什么是家园联系栏

家园联系栏是班级教师与家长联系互动的一个窗口，是反映保教工作情况的一面镜子，更是进行教育交流的一个园地；它能密切幼儿园与家庭的联系，帮助家长更多地了解近期班级工作开展的情况和各项信息，以及孩子在幼儿园的学习、生活情况等，加强教师与家长间的沟通与了解，使双方形成合力，共同对孩子实施素质教育。幼儿园班级和家园联系栏作为一个桥梁纽带的作用越来越受到广大教育工作者、家长们的重视。

二、创设家园联系栏的方法

家园联系栏外形有横版和竖版，展示的内容多种多样，装饰要起到美化和强调的作用，还要填补版面的空白。

幼儿园家园联系栏一般可以包括五个小板块。

1. 本周计划（快乐学习）

“本周计划”或“快乐学习”主要将班级在一周的学习内容公示出来，向家长宣传本周的教育目标和内容，便于家长了解。使家长对幼儿的学习做到心中有数，并及时让孩子进行复习。

2. 互动内容

这个栏目可以放入家长每天要教师注意的事情，同时也让家长学会配合以实现更理想的家园互动效果，是工作的重点。例如，在“请您配合”中记录了本周需要家长配合幼儿园或班级的事项或要求，如“春天又来了”主题中，请家长周末带孩子到郊外、公园寻找春天，感受大自然的美和变化，并将找到的春天以照片或图画等方式带来幼儿园；为丰富班里的体育角，请家长和孩子一起制作一个沙包带来幼儿园等。

3. 父母必读（家教指南、健康快车）

经常介绍成功的育儿经验和一些结合季节特点的保健常识，来解决家长的一些困惑或让家长与家长之间互相交流，共享成功经验。

4. 童言稚语

介绍幼儿的语言发展特点，展示一些有趣的幼儿对话和闲聊话题，使家长在感觉孩子说话有趣的同时，也会惊喜地发现孩子在长大，他们需要受到良好的教育。

5．实时播报（本周好宝宝）

主要针对幼儿在幼儿园一周中的生活和学习表现来进行评比。对表现出色的小朋友教师要提出表扬，并将其照片贴在这一板块中。教师可以把幼儿画的绘画、手工作品等有特点的图片放入本栏目，提升幼儿的自豪感。

利用这种方法，孩子们都会希望自己是本周的好宝宝，从而增强了幼儿的竞争意识，一个个都在积极的上进。一周下来，给家长们一个满意的反馈，家长们满意、高兴是我们家园互动最大的希望。

三、家园联系栏的设计

家园联系栏的设计原则如下。

（1）颜色要协调，风格相对统一。

（2）装饰时注意原则以下原则。

① 对称式：图案的大小、颜色、疏密相对均匀，如图 6-28 所示。

② 均衡式：（不对称）以角为中心，花形大、造型丰满、相对密集。花朵由大到小、由密到疏，渐向两侧或一侧展开，如图 6-29 所示。

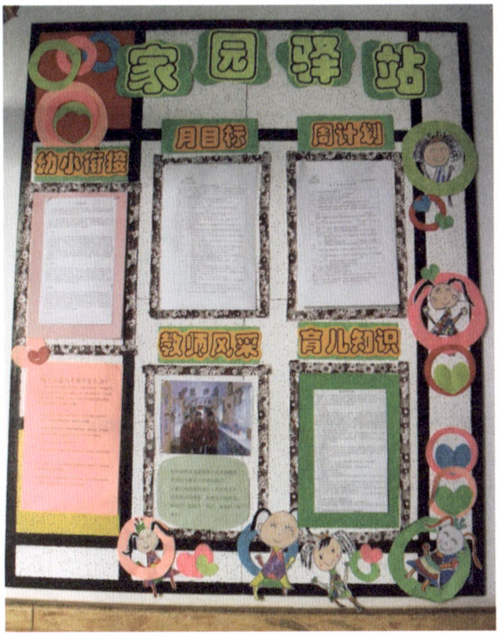

图 6-28　家园驿站设计

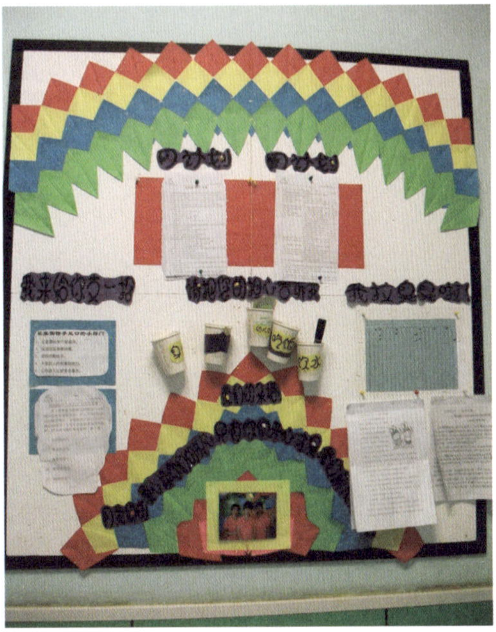

图 6-29　对称式家园联系栏

③ 图案的布局：图案虽然是作为陪衬，但决定着整体的走势方向。比如：用花朵装饰家园互动栏时，叶子的造型要简练，并随着花朵的布局安排而调整大小与数量，要遵循疏密得当并适当遮挡的规律，如图 6-30 和图 6-31 所示。

图 6-30　均衡式家园联系栏

图 6-31　以花卉装饰的均衡式外框

第四节　幼儿园教学案例分析与作品欣赏

一、半立体墙饰的设计与制作技能（一）

（一）作品主题：春天的气息（图 6-32）

（1）适合对象：2 ～ 4 岁的幼儿（小班、中班）。

（2）设计目的：让初到幼儿园的幼儿通过这一主题墙饰的创设能很快融入到幼儿园集体生活中，感受到幼儿园环境的温馨。

（二）制作步骤详解

（1）准备材料，包括各色卡纸、素描纸、复印纸、铅笔、橡皮、圆头笔、剪刀、双面胶、泡沫胶。

（2）根据主题构思，确定草图，在素描纸上画出实际画面大小的线稿。

（3）用复印纸将图样复制下来。

（4）用勾线笔将图样印画到相应的海绵纸上，并将图样沿着印画出的痕迹剪下来。

（5）用圆头笔的一端，将动物等沿着剪下图形的周边轻按压，制作出半立体的感觉。用泡沫胶和双面胶粘住。

（6）背景制作：花草、树叶、树干都要做出半立体效果，花瓣可用铅笔卷出弧度，树叶叶脉处用刀划出痕迹，注意不要切断。再对折，用泡沫胶、双面胶粘贴。

（7）用纸杯制作花卉：用剪刀等距离剪开纸杯，变成菊花的样子，用不同颜色涂色。

（8）景物细节要注意颜色搭配鲜艳、丰富。

（9）组合、整理完成。

图 6-32 春天的气息

二、半立体墙饰的设计与制作技能（二）

（一）作品主题：大鲸鱼（图 6-33）

（1）适合对象：2 ~ 4 岁的幼儿（小班、中班）。

（2）设计目的：让初到幼儿园的幼儿通过这一主题墙饰的创设能很快融入到幼儿园集体生活中，感受到幼儿园环境的温馨。

（二）制作步骤详解

（1）准备材料，包括各色卡纸、素描纸、复印纸、铅笔、橡皮、圆头笔、剪刀、双面胶、泡沫胶。

（2）根据主题构思，确定草图，在素描纸上画出实际画面大小的线稿。

（3）用复印纸将图样复制下来。

（4）用勾线笔将图样印画到相应的海绵纸上，并将图样沿着印画出的痕迹剪下来。

（5）用圆头笔的一端，将剪好的轮廓沿着剪下图形的周边轻按压，制作出半立体的感觉。用泡沫胶和双面胶粘住。

（6）注意颜色搭配鲜艳、丰富。

（7）背景细节，可在主体景物做完后添加小细节。

（8）眼睛里的白点可用水粉白颜色画上。

（9）整理完成。

图 6-33 大鲸鱼

三、半立体墙饰的设计与制作技能（三）

（一）作品主题：我们都是好朋友（图 6-34）

（1）适合对象：2 ~ 4 岁的幼儿（小班、中班）。

（2）设计目的：让初到幼儿园的幼儿通过这一主题墙饰的创设能很快融入到幼儿园集体生活中，感受到幼儿园环境的温馨。

（二）制作步骤详解

（1）准备材料，包括各色海绵纸、素描纸、复印纸、铅笔、橡皮、圆头笔、剪刀、双面胶、泡沫胶。

（2）根据主题构思，确定草图，在素描纸上画出实际画面大小的线稿。

（3）用复印纸将图样复制下来。

（4）用勾线笔将图样印画到相应的海绵纸上，并将图样沿着印画出的痕迹剪下来。

（5）用圆头笔的一端，将人物的脸部、气球等沿着剪下图形的周边轻按压，制作出半立体的感觉。用泡沫胶和双面胶粘住。

（6）人物细节要注意颜色搭配鲜艳、丰富。

（7）背景细节，可在主体人物做完后，添加背景的小细节。

（8）人物眼睛里的白点、牙齿可用水粉白颜色画上。

（9）整理完成。

图 6-34　我们都是好朋友

本章小结

幼儿园墙饰是指对幼儿园墙面进行美化、布置和装饰，使墙面具有装饰性、教育性、实用性和趣味性等多种功能。墙饰是环境教育的重要组成部分，也应该视它为课程，它对幼儿的教育影响也应该是全面的、多功能的。

讨论题

（1）说一说在主题活动环境创设中，教师、幼儿以及家长应该担任的角色，教师如何引导幼儿欣赏主题墙，如何调动家长参与主题墙的设计。

（2）参观学校附近的幼儿园，并结合各园主题墙饰的特点进行分析。

实训课堂

1．设计家园联系栏

设计一个家园联系栏，如图 6-35 所示。

图 6-35　家园联系栏设计方案

2．设计要求

（1）栏目名称、边框装饰、图文并茂。

（2）注意每个板块的位置安排。

（3）注意背景墙饰的色彩搭配与装饰的变化。

3．分小组进行实践练习

（1）要求先摆，然后再固定。

（2）教师可以先给学生欣赏一些优秀的家园联系栏的图片资料，引导学生打开思维，在设计时，可以采取多种图案形式装饰。

4．练习作业要求

要求：用四开素描纸完成家园联系栏的设计方案。

目的：提高学生对家园联系栏的设计与应用，加强学生的实际应用能力。

参考视频（扫描二维码即可观看）

家园联系栏设计方法 -1.mp4　　家园联系栏设计方法 -2.mp4　　家园联系栏设计方法 -3.mp4

第七章

幼儿园区域活动环境创设

学习导语

幼儿园环境是幼儿园内幼儿身心发展所必须具备的一切物质条件和精神条件的总和。它是由幼儿园的全体工作人员、幼儿和各种物质器材、设备条件、人事环境、精神氛围以及各种信息要素，通过一定的文化习俗、教育观念所组织、综合的一种动态的、教育的空间范围或场所构成的。

幼儿园环境既有保育的性质，又有教育的性质。学生通过本章学习可以初步了解幼儿园环境创设的主要内容和注意事项，为今后的幼儿园工作奠定基础。

教学目标

(1) 了解环境创设的概念和特征。
(2) 了解幼儿园环境创设的主要内容。
(3) 掌握幼儿园环境创设的具体方法。
(4) 掌握幼儿园环境的具体布局的实施方法。

第一节　幼儿园环境创设概述

一、幼儿园环境创设的基本常识

1. 幼儿园环境

幼儿园环境包括物质环境和精神环境，是幼儿在幼儿园内身心发展所必须具备的一切物质条件和精神条件的总和。

首先，物质环境主要指为幼儿提供学习、生活、娱乐等各种场所的教学设施、生活设施以及材料等有形的物质；其次，精神环境主要指符合幼儿审美情趣，令其身心轻松愉快的温馨而亲切的文化环境和心理环境，其中集体氛围、活动气氛、园风、师风等均可归于文化环境。其中师生关系、教师的教风和人格特征可归为心理环境。因此，幼儿园环境既有保育的性质，又具有教育的性质。

总的来说，幼儿园环境具体包括户外大环境和班级环境，户外大环境包括园区外墙面、内墙面、走廊过道、角落、洗手间和细节修补等，它给来访者留下第一印象，很重要。班级环境包括班级墙面、区域环境、心情墙、自然角、家园栏等。

2．幼儿园环境创设的内涵

幼儿园环境创设主要是指教育者根据幼儿园教育的要求和幼儿身心发展规律、需要，充分挖掘和利用幼儿生活环境中的教育因素，并创设幼儿与环境积极作用的活动场景，把环境因素转化为教育因素，促进幼儿身心主动发展的过程。

3．幼儿园环境创设的功能与作用

目前，随着幼儿教育的不断发展，人们对幼儿园环境的认识也越来越深刻，更加重视幼儿园的环境，如果不重视幼儿园的环境建设，势必会影响幼儿各方面能力的发展。因此，幼儿园应注重幼儿园环境方面的创设，关注幼儿身心发展的特殊需要，对环境进行有目的、有计划地创设，使之更加符合幼儿身心发展的特点。

环境教育在开发幼儿智能、促进幼儿个性和谐发展方面发挥着独特的功能与作用，它已经成为当今幼儿教育改革的重要趋向。幼儿园要为幼儿创造良好的物质环境与心理环境，让幼儿感受快乐，在快乐中获得知识、经验、技能。因此，幼儿园环境的创设对幼儿的身心发展起到非常重要的作用，它有利于幼儿的知识建构和生活经验的获取，有助于培养幼儿的观察能力、思维能力和创造能力。具体作用如下。

（1）在区域活动中幼儿能够选择自己喜欢的区域，并在所选区域里自主活动，消除孤独、拘束的情绪。

（2）幼儿能选择独立、合作、讨论等方式进行操作，完成作品。

（3）让幼儿体验自主活动的快乐。

扩展阅读

《幼儿园教育指导纲要》中指出，应为幼儿的探索活动创造宽松、愉悦的教学环境，让幼儿都有机会参与到幼儿园的活动中，支持、鼓励他们大胆地提问，发表不同的意见，学会尊重别人的观点和意见。

支持和引发幼儿的操作、摆弄、探究、实验、制作等活动，引导他们通过自己的尝试，发现问题，积累知识经验。而幼儿园的区域活动恰可以满足幼儿的好奇，让他们在活动中得到锻炼，学会思考。幼儿教师应当根据教育的目标和幼儿发展水平，有目的、有计划地对幼儿园环境进行创设，在区域里投放活动材料，让幼儿按照自己的意愿和能力，以操作、摆弄为主的方式进行自主学习。

二、楼道布置

楼道是幼儿与家长必经的地方，楼道作为方向性的指示区域，是一个非常重要的装饰环节，具有非常重要的意义。在楼道的布置上，特别要注意让环境与幼儿的对话，同时也要引导家长参与，应使楼道的环境与幼儿、家长积极互动起来。

布置楼道的注意事项如下。

(1) 要注意与周围大环境的协调。

(2) 要考虑让它成为幼儿活动的新天地。

(3) 教师要考虑到各种安全因素。例如，在固定时应使用安全图钉，并要经常性地进行检查，避免图钉松动和跌落。在材料的选择上要选用没有硬的尖角及环保的物品，尽可能避免对幼儿造成的伤害。

教学建议

在每个楼层穿插不同主题的装饰，在走廊的墙上和天花板上，可以悬挂既美观又能熏陶艺术气氛的各种吊饰，让幼儿园整体环境更加美观，让幼儿能沉浸在艺术美的氛围中，提高幼儿的观察学习与想象的能力，如图 7-1 至图 7-10 所示。

图 7-1　楼梯墙饰

图 7-2　楼道布置（一）

图 7-3　楼道布置（二）

图 7-4　楼道布置（三）

图 7-5　楼道布置（四）

图 7-6　楼道布置（五）

图 7-7　楼道布置（六）

图 7-8　楼道布置（七）

图 7-9　天花板布置（一）

图 7-10　天花板布置（二）

三、幼儿园区角布置

所谓区角，是指合理利用和设计幼儿园活动室或公共环境中的若干空间，通过布置、装饰后，再投放各种各样的材料，成为幼儿游戏和活动的场地。

幼儿教师应当遵循教育理念，积极开展区域活动的创设与布置。一般可以根据年龄特点的不同，从低到高开设不同类型的区域活动。

1. 常见的活动区角

（1）语言区：幼儿阅读、听故事、诗歌与他人交流谈话的场所，如图书角、聆听角、故事角、新闻广播台等，如图7-11和图7-12所示。

图7-11　语言区

图7-12　图书角

（2）生活区：幼儿认识社会、表现社会生活、模仿各种生活中进行社会交往的场所，如娃娃家、小超市、医院、加油站等，如图7-13和图7-14所示。

图7-13　生活区（一）

图7-14　生活区（二）

（3）艺术表现区：幼儿体验、欣赏和表现各种艺术的区域，如舞蹈表演区、音乐区、美工区等，如图 7-15 至图 7-17 所示。

（4）科学区：主要是供幼儿通过各种科学小游戏、种植植物、饲养小动物，探索自然科学及动手动脑益智学习的区域，如植物角、益智区、科学实验区等，如图 7-18 和图 7-19 所示。

（5）建构区：幼儿运用各类积木进行拼搭、建构，从而发展幼儿空间感知能力的区域，如积木区和建构区，如图 7-20 所示。

图 7-15　美工区

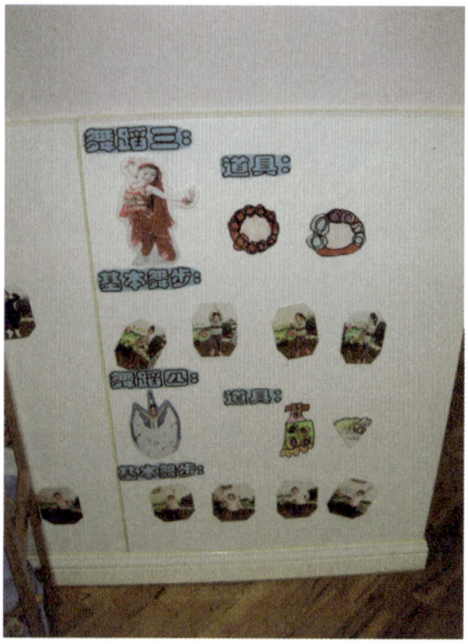

图 7-16　舞蹈区（一）

图 7-17　舞蹈区（二）

图 7-18　植物区（一）

图 7-19　植物区（二）

图 7-20　建构区

各园、各班活动区域创设的规模和种类是不同的，创设几个活动区可以灵活自主地根据各园、各班的具体情况安排。以上区域教师可结合本班的具体创设风格给予不同的命名，一般大的命名为区，小的命名为角。

教学建议

区域名称要体现趣味、好听、新颖的特征，要充分体现该区域的特点，如语言区可以取名为“童话部落”“书报亭”；生活区中的娃娃家可以以幼儿的乳名命名，每周轮换，如“果果家”“毛毛家”，生活类的如“宠物医院”“美发屋”等；艺术区的命名可以是“艺术天地”“涂涂抹抹”“舞林轩”等富有时代气息的名字。

2．划分区域时要遵循的原则

（1）各个区域可用不同的家具分隔开来。这样便于儿童清楚地选择活动区。与此同时，教师可纵观全局，心中有数。

（2）闹、静分开，如图书角与舞蹈区、阅读区要分开，阅读活动能培养幼儿安静读书的能力。

（3）交通要道被标示出来，以减少注意力的分散。

（4）每个区域的材料应该摆在矮的架子上，这样幼儿能够轻易地拿到它们。架子上有标签，干净、不杂乱，这样材料就很容易被看见、被选择与取放。

（5）同样的材料放在一起，这样可以教孩子分类，并把东西按序摆放。

（6）每个区域的材料要充足，以满足不同幼儿的不同需要。

（7）不同的材料发展不同的感官，提供不同的经验。

（8）创设环境必须考虑幼儿的年龄特点，创设具有安全性、启发性、参与性、可变性的环境。

教学建议

区域活动是幼儿自我学习、自我探索、自我发现、自我完善的活动。皮亚杰的理论告诉我们，年幼儿童身心、心理的发展主要是通过感知和操作来认识周围事物的。幼儿园的区域活动形式是一种促进幼儿发展的好办法。区域活动有相对宽松的活动氛围，灵活多样的活动形式，能满足幼儿发展的需要。

四、各区角活动所需投放的材料

（一）材料的含义

材料是制作工具、产品等的物质。在幼儿园材料是幼儿学习、开展各种游戏活动的重要媒介，它包括教具、玩具、工具及各种不同材质的自然物、废弃物等。

在开展区域活动中，教师应根据不同班级幼儿的年龄特点、发展需要、阶段目标设置一系列的区域，根据每个区域的目的要求，提供具有多样性、开发性、层次性的材料，并以玩伴的身份对幼儿加以适时点拨指导。

（二）各区域投放材料

1．语言区

图书、图片、图谱、头饰、手偶、胸饰、故事录音、简单的字卡、写字板等。

2．生活区

各类仿真电器，有电视机、饮水机，以及幼儿非常喜欢的各类布偶以及婴儿、婴儿床，还有教师精心制作的沙发、梳妆台、厨房用具、茶几等。

3．美工区

宣纸、水粉颜料、油画棒、石头、毛笔、棉签、喷壶、种子、相框模型、白胶、橡皮泥、牛奶瓶、纸盘、毛线、不干胶等。

4．建构区（积木区）

木制积木、塑料积木以幼儿自制的果树、动物、小汽车等。

5．植物角

各种植物、贝壳标本、水壶、观察日记本、笔等。

6．益智区

贝旺玩具、彩色回形针、几何图形、排序卡、图钉、彩钉、皮筋、穿线板、拼图、迷宫、磁铁等，如图 7-21 所示。

图 7-21　益智区

第二节　语言活动区域环境创设

一、语言活动区定义

语言活动区是幼儿发现语言“魅力”、产生阅读兴趣的地方，语言活动区的环境创设与幼儿的阅读成效有着紧密的联系，语言活动区的发展性、适宜性对幼儿阅读兴趣、阅读能力和阅读持续的时间有很大影响。

二、幼儿园的语言区应遵循的原则

1．选择明亮安静的位置

（1）语言活动区的位置选择应把握“明亮”“安静”两个基本原则。也就是说，语言区应选择光线明亮的地方，并尽可能安排在较安静的区域。一般教室朝阳的窗户采光好，可将阅读区设置在教室东南角或是西南角靠窗处，一是因为朝向南面的地方光线充足；二是考虑这里一侧是墙壁，能形成半开放式的格局，营造一种明亮、安静、安全的氛围，以此吸引幼儿参与阅读活动。

（2）阅读区必须与建构区、表演区等动态区域分离开，减少不同活动对幼儿阅读的影响和干扰，一般两旁可设置科学区、生活区等相对安静的区域，便于幼儿专注地阅读。

2．布置温馨美观的环境

（1）铺上一层色泽柔和的地垫或地毯，淡绿色、淡蓝色均相宜。

（2）准备几个干净、美丽的抱枕或坐垫，如可爱的卡通毛绒玩具、柔软的爱心抱枕。

（3）放上与教室里桌椅不同的可爱的小桌子和小椅子。

（4）提供能够充分展现图书封面、与幼儿身高相符的书架或卡通书袋。

（5）根据图书的不同性质与种类选择适宜的呈现方式，或挂，或平铺，或垒高，或排列等，保持视觉的美感。

教学建议

构建阅读区的建议

为保持阅读区的规范、有序，图书要放在相对固定的位置，并贴上标签，帮助幼儿养成物归原处的习惯。标签可以根据不同的年龄段进行设置，如小班用小动物、常见水果的贴纸，中班用常见的图形或简单的数字，大班用文字或图形和数字的组合。

此外，教师还应制订浅显易懂的使用规则，并用图文并茂的形式呈现，以帮助幼儿建立规则意识，使活动能有序开展。

另外，图书的更换以不超过一个月为宜，因为周期过长，会使幼儿对阅读材料产生厌倦感，不利于幼儿阅读活动的进一步开展。

三、划分不同功能的区域

幼儿园的语言活动区并不是一成不变的，教师可以根据幼儿的年龄和兴趣将语言区划分为一定的块面和空间，以满足不同阅读个体、阅读类型、阅读阶段的需要，如静态阅读区、展示区、视听区、操作区等。

1. 静态阅读区

静态阅读区主要是指阅读材料为图书、图片等静态材料的区域。教师应为幼儿提供不同类型、材质、内容的图书，如故事书、科普书、工具书、布书、立体书以及自制图书等。

除了图书外，教师也可以在图书角放置报纸、杂志、卡片、图片等多元语言材料。同时根据不同年龄特点，图书的种类和数量也要有所不同。例如，小班图书品种不必太多，但同一种类图书的数量可以提供多些。图书内容以图文并茂、图多字少、生动有趣为主，如幼儿画报、立体图书、声响图书、卡通书和卡片等。

中班、大班则以幼儿画报、童话故事、工具类和知识类图书为主，故事情节、内容可以较复杂，富有科幻特点和刺激性图书非常受幼儿的喜爱。教师注意图书品种要丰富，且做到定期更换和补充。

2. 展示区

墙面上可布置“主打故事”“故事明星”等内容。“主打故事”可以是幼儿最近的阅读热点，也可以是为主题目标服务的认知类图书和故事绘本，这类重点阅读图书可以展开摆放在显眼的位置，便于幼儿发现并跟进阅读。

“故事明星”可以是幼儿最近比较感兴趣的故事主角，如《海绵宝宝》中的人物或《七个小矮人》中的白雪公主等，通过投票选举“故事明星”，引发幼儿的阅读兴趣。

3. 视听区

视听区是利用电子视听设备，让幼儿通过看、听、说、演，体验和学习语言。教师可提供有声读物、点读笔、智能音箱等。音频可与推荐的图书或书架上的图书内容相匹配。除现有的音频外，教师也可自己将图书中的故事、儿歌录制下来，这样幼儿不仅可以用眼睛看，还可以用耳朵听，阅读时注意力更加集中。

4. 操作区（包括修补区）

（1）教师可提供预设的学习材料，如提供背景图和立体小动物若干，让幼儿摆一摆、编一编，或是将图片与文字配对等，使幼儿在操作中积累相关的阅读经验。

（2）制作图书材料的投放。教师可配备一些旧图书、画报笔、纸张、剪刀、胶棒，让他们自制图书，做小作者，通过剪剪、贴贴和讲讲，孩子们会从中体会到学做小作者的快乐和自豪。

（3）为孩子提供一些卡片，让幼儿在学会观察的基础上，编述故事，以鼓励幼儿将阅读活动拓展到绘画、书写活动中，进行故事的续编、仿偏、创编或自制图书，教师可提供幼儿复述故事用的头饰和场景，吸引幼儿看看、讲讲、记记。

（4）修补区可以提供一些修补图书的剪刀、双面胶等，便于幼儿及时修补破损的页面，培养幼儿从小爱惜物品的品德。

教学建议

满足不同年龄段的读物

阅读区中的读物要适合各年龄段幼儿的特点，满足不同年龄段幼儿的需要。例如，为小班幼儿所选的读物应该色彩鲜艳、画面突出、构图简单、线条清楚，内容以家庭、幼儿园生活和小动物为主，情节要简单且篇幅不宜过长，一般五分钟内可以读完。图书的尺寸要尽量大，纸质厚实，便于幼儿反复翻阅。

中班幼儿可以分辨事物的真实与幻想，对于夸张和幻想的内容开始感兴趣，对周围事物兴趣渐浓，教师可以选择一些描写日常生活、自然界事物以及有关人物的图书，图书的篇幅可适当增加。大班幼儿可选的图书范围相对更加广泛，随着幼儿的知识逐渐丰富，语言技能发展逐渐成熟，他们对各类形式的图书都有兴趣。

教师在选择图书时可以选择配有简单文字且字体较大、较清晰的图书，故事情节生动、富于想象力，如有关探险或设有问题的内容读物，都很受幼儿的欢迎。

四、提供丰富多样的阅读材料

（一）阅读区需要投放的材料

阅读区要有丰富的辅助材料，可以增强阅读区的吸引力。教师在阅读区可以摆放桌子、幼儿自主取放的小书柜、图书插袋以及松软舒适的小沙发、小坐垫，便于幼儿记录、创编各种图书的剪刀、纸、笔等辅助阅读材料。

（二）阅读区投放材料的原则

阅读材料是幼儿开展阅读活动的载体，教师在选择幼儿阅读材料时，应选择趣味性强、画面生动、内容健康有趣的读物。具体要做到以下几点。

1．题材多样化

从幼儿日常生活内容到自然科学，从亲情、友情到克服困难、经历奇险，各种不同的题材都可以尝试让幼儿去接触，满足不同年龄、不同个性幼儿的兴趣爱好。

2．文体多样化

儿歌、故事、散文、谜语或科幻童话等都能潜移默化地激发幼儿对文学作品的兴趣，不同的文体也更易被幼儿接受。

3．来源多样化

图书既可以由教师提供，也可以让幼儿自己动手制作。自制图书是幼儿比较喜欢的一项活动，可以让幼儿用绘画、剪贴等形式自己构思情节，制作图书，还可以师幼或亲子共同制作，让幼儿充分体验自制图书的乐趣。当然，教师还可以发动家长带些幼儿喜欢的图书放到班级阅读区。

4. 形式多样化

阅读区中的材料可以有视觉类的，如图片、图书、影像及幼儿自制图书；有听觉类的，如与儿歌、故事、散文配套的音频，幼儿自编自讲的故事录音，教师讲故事的录音；有操作类的，如提供图文配对材料，让幼儿玩配对游戏，或看字做动作、看动作猜字等；有表演类的，如提供头饰、指偶、手偶等具有形象特征的道具，以及简单的背景等，供幼儿表演。需要注意的是，多样化的阅读材料要定期更换，以不断激发幼儿阅读的兴趣，如图 7-22 和图 7-23 所示。

图 7-22　阅读角（一）

图 7-23　阅读角（二）

教学建议

区域活动提示：投放材料要具备可操作性

在创设活动区环境中，幼儿教师应注意赋予环境一定的自治因素，发挥环境的暗示和引导作用，规范协调和控制幼儿行为。例如，小班图书角布置两个娃娃看书的形象，暗示幼儿能共享材料，安静认真阅读；“医院”的墙壁上布置几个孩子排队挂号、看病和拿药的情景，教师可引导“医院”的就诊步骤及规则等。

其次，区域材料应充分体现可操作性，务必让幼儿动手摆一摆、试一试，使幼儿在摆弄过程中获得发展。例如，小班初期的幼儿与环境互动都是附着在动作之上的，动作帮助了幼儿思维和发展。因此，小班幼儿在区域活动中应多体现出动手操作。

此外，教师还可以让幼儿参与活动区环境的创设，成为活动的主人。例如，区域中所需的材料可以让幼儿从家中带来或自己动手制作；活动区标志可以让孩子按顺序自行调换；餐厅中的食品可以在美工角中由孩子做；新区域的产生、角色的确定、游戏的开展，都应注意让幼儿参与。这样，幼儿自主性、自理自治和主动协调关系的能力才能在活动中得到全面发展。

第三节　生活区域活动环境创设

一、娃娃家区的重要性

幼儿园里的娃娃家对于小班刚入园的幼儿来说可以缓解恐惧感，稳定幼儿的情绪。刚入园的小班幼儿由于年龄小，离开父母后情绪波动大，易受环境的刺激和影响，对周围陌生的环境会有一种恐惧感。

在这个阶段，所创设的环境最重要的是能够稳定幼儿情绪，满足他们获得安全的需要，让他们对班级有归属感，因此具有“家庭微缩景观”之称的娃娃家，恰巧能够满足刚入园幼儿在心理上的这种需求，让幼儿的情绪在“家”的环境氛围中得到缓解和放松，并能在游戏过程中“还原”和再现生活情景，如做饭、看医生、搬家、购物等，进而激发他们思考，促进他们情感、个性的健康发展，同时提高生活技能，如图7-24和图7-25所示。

图7-24　娃娃家区（一）

图7-25　娃娃家区（二）

娃娃家区为幼儿提供了一个与他人相处，沟通、表达思想感情，用语言交流对角色的认识以及对别人的需要和要求做出反应的机会。由于这些原因，教室中设置一个娃娃家区是特别重要的事。

二、娃娃家区投放材料要点

教师做好娃娃家材料投放，关键要做到“四性统一”。所谓“四性统一”是游戏材料的安全性、趣味性、可操作性和层次性的统一。

1. 投放材料要具备安全性

根据幼儿的年龄特点，小班初期的幼儿真实与虚拟不分，没有一点儿自我保护意识，时常会出现吃橡皮泥做的汤圆、咬塑料做的苹果等行为，很容易出意外。因此，教师在投放材料时要充分考虑这些玩具是否对幼儿具有潜在的危险，是否适合小班幼儿操作，避免细小和尖锐的玩具。

例如，娃娃家中的糖葫芦是用一根尖尖的小竹棒将“山楂”一个一个串起来的，无疑这根小竹棒的尖头就是安全隐患。因此，教师应将尖头用各色不干胶包起来，以消除安全隐患，保证幼儿的健康游戏。

2. 投放材料要具备趣味性

小班幼儿年龄小，喜欢色彩鲜艳、有声响、有动感的玩具，因此娃娃家区的玩具及空间布置要富有童趣。投放的玩具材料可以有小厨房、床、餐桌椅、抱抱熊、天线宝宝、各种成型的玩具串珠架、打桩、泡沫积木、套碗，大肌肉材料有小爬滑、按摩球等，如图 7-26 至图 7-32 所示。

3. 投放材料要具备层次性

教师在提供操作材料时应注意体现层次性，使每个幼儿都能在适合自己的认知范围内得到发展。由于幼儿年龄特点的不同，在投放材料时层次不宜太多、太杂，2 ~ 3 个层次就可以了。例如，《动手区》“喂娃娃”的材料，其中有勺子、筷子和喂的东西，能力弱的幼儿可以用勺子舀小颗粒的东西（红豆、黄豆、米）喂娃娃；一般的幼儿可以用勺子舀大颗粒的东西（玻璃弹珠、木珠）喂娃娃；能力强的幼儿则可以试着用筷子夹软的东西（海面球、棉花球）喂娃娃。

图 7-26　娃娃家区（三）

图 7-27　娃娃家区（四）

图 7-28　娃娃家区：饮水机

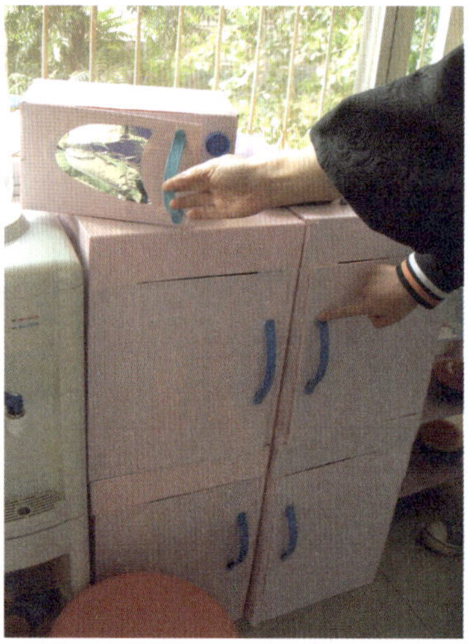

图 7-29　娃娃家区：微波炉

图 7-30　娃娃家区：食品摊

图 7-31　娃娃家区：美食聚会

图 7-32　娃娃家区：北京小吃

又如，《娃娃家》的“打电话”游戏，一般的幼儿可以按拎话筒、拨号、讲话、放话筒的程序操作，并扮演角色独立打电话，自言自语；能力强的幼儿则可以在教师的引导下扮演角色与同伴打电话聊天。在满足幼儿游戏和发展需要的同时，体现材料的层次性和难易程度，不仅能激发幼儿参与活动的主动性和积极性，还能让每个幼儿体验成功的快乐。

教学建议

在幼儿园室内环境划分与布置时，教师要根据游戏的需要努力创设良好的环境，让幼儿在环境相互作用中，提高游戏水平。在游戏中提高幼儿的动手、思维、想象、交往等方面的能力。

三、娃娃家区的装备和布置

由于涉及的角色游戏和积木游戏之间经常产生关联，所以娃娃家区应尽可能地靠近积木区。由于幼儿的身高原因，娃娃家区可用矮的两面儿童柜、儿童家具，放物品的箱子，低矮的、各色各样的积木和板或一个立式镜子围起来以确定本区的活动范围。

积木区不需要桌子，但在娃娃家区，只要教室空间允许，就应该有桌子。一张普通的圆桌比一张儿童规格的小茶几更适合真正的和象征的烹调活动、“家常午餐”和小组活动。把一张桌子和一些椅子放在娃娃家区里，是学前课堂中出现家具的一种很自然的方式，把它们放在这个区比放在有可能占据活动区以外的有价值的活动和游戏空间会更好一些。

四、娃娃家区的主要功能和作用

让幼儿了解角色在社会中的活动，学会穿衣服，让幼儿使用他们小肌肉的技巧，假装成人（自我帮助，眼手协调），把盘子和杯子分开（生活技巧），让幼儿分类活动（数学）。娃娃家区装备材料清单中的许多物品可以是捐赠品，也可以低价从家庭拍卖、旧货商店和廉价商店中购得，如图 7-33 和图 7-34 所示。

图 7-33　娃娃家区：服装店

图 7-34　娃娃家区：商店

第四节　美工区域活动环境创设

美工区是一个让幼儿表现美、感受美的天地，它为幼儿的游戏、学习与创作提供适当的环境和条件，营造宽松、愉快的艺术氛围，幼儿可以自由观察、欣赏，运用不同的绘画工具与材料进行各种美术活动，与同伴友好地合作，表达自己的情感与认识，从而发展幼儿的审美能力，如图 7-35 所示。

一、美术区的功能

（1）让幼儿观察感受自然万物的生命形式及运动变化，体验自然的变化和运动。

（2）培养幼儿对色彩的兴趣，感受色彩、线条、形状的疏密、曲直和鲜浊所产生的节奏感。

（3）幼儿能使用线条、形状表现力度感、空间感、节奏感及和谐感。

（4）在认识各种颜色的基础上，能使用主观色彩，表达自己的情感和幻想。

（5）能根据自然社会中事物的发展变化，在作品中表现出生命的象征意味。

（6）能掌握一定的秩序和变化规律，发展构思、构图的能力。

（7）接触各类美工工具，会用剪、折、粘等方法进行创意制作立体造型玩具，增强幼儿的动手操作能力，发展幼儿的创造性。

图 7-35　美工区

二、美工区入区规则

（1）人数：男孩、女孩 2 ~ 6 人。

（2）材料使用上注意节约。

（3）使用材料、工具过程中注意谦让和使用安全。

（4）小声交谈，不要喧哗。

（5）活动完后，将作品放到展示台；将材料、工具按规定放回原位置。

（6）离区前，注意收拾完桌上剪下的废弃物，到清洁区清洗自己的小手。

三、美工区投放材料要点

美工区是幼儿进行美术和手工创作的区域，常规用品如作品展示板（台）、操作桌、椅子、玩具柜，活动区材料提供是必不可少的，此外根据不同艺术表现所需要的材料也不同，教师尽可能让幼儿多接触一些工具和材料。

（一）材料和工具

1. 各类涂鸦工具

各类笔，包括小面积绘画的记号笔、油画棒、水彩笔以及大面积涂色的排刷、毛笔等。

2. 各类纸张

（1）背景纸。为了吸引幼儿的目光，给幼儿的操作提供暗示，在纸张准备上可以打破传统的白色的、长方形纸张，而为幼儿准备一些各种各样有造型轮廓的纸。

（2）操作用纸。根据活动的内容和幼儿的实际水平提供不同材质、大小的操作用纸。

3．清洁工具

在美工活动中清洁工具是必不可少的，比如供幼儿粘贴时擦手用的小毛巾、方便幼儿洗笔的小桶等。

4．保洁用品

对年龄偏小的幼儿来说，常会在美工活动中不小心把衣服弄脏、把颜料打翻，因此保洁的桌布、围裙、抹布等必不可少，这样可以让幼儿毫无顾忌地玩、尽兴地玩。

5．剪刀

在剪刀的选择上一定是圆头的安全剪刀，还可提供能剪出各种花边的剪刀，既满足各种需要，又增加活动兴趣。

6．彩泥和模具

彩泥的颜色不宜过多，可以先从一种颜色开始，并创设一定的情景让幼儿操作；也可以借助模具，制作不同造型，让幼儿较容易地获得具体造型，产生成功感，再逐渐过渡到创造性造型。

7．提供材料

提供彩纸、饮料瓶等各种废旧材料，让幼儿制作春天的花、树等；提供颜料、笔，引导幼儿进行不同形式的绘画。

教学建议

在上述材料投放的过程中，教师还需要考虑几个因素：①材料要丰富，尤其是幼儿用的各种纸张，摆放要便于幼儿随取随用；②材料应根据幼儿发展水平及结合主题活动逐步投放，随时更换；③充分利用废旧材料，做到勤俭节约，并让孩子在操作过程中能获得多种感知经验，如图 7-36 至图 7-39 所示。

图 7-36　手工区材料（一）

图 7-37　手工区材料（二）

图 7-38　手工区材料（三）

图 7-39　手工区材料（四）

（二）指导策略

（1）师生共同协商、设计活动规则，并通过图示、符号等表示出来，张贴到活动区。

（2）利用材料激发幼儿探索学习的兴趣，用问题激起幼儿探索、发现的欲望。

（3）学习环境以不同能力水平为依据，随时调整幼儿活动的难易程度。

（4）正确使用材料和工具，活动中时刻提醒幼儿，注意幼儿的安全教育，并及时清除不安全物品。

总之，美工区通过开展绘画、手工、美术欣赏等方面的活动，来培养孩子的艺术素养和创意能力。幼儿可以运用多种表现方式及多种多样的美工材料，进行各种艺术表现和创造。完成作品后，可根据活动目标进入分享阅读区或表演区进行美工活动的拓展延伸。

四、教学案例分析

（一）活动主题

主题为：《春天来了》美工活动区创设。

（二）设计依据

根据春天来了这一主题布置春天来了墙饰，让幼儿观察画面，引导幼儿观察春天的景色，了解春天来了，大自然的变化，花儿开了，草儿绿了，小燕子飞回来了，引导幼儿用完整的语言进行描述，及时捕捉幼儿语言中的亮点，鼓励幼儿之间互相学习。

（三）活动目标

（1）让幼儿学会观察身边的自然变化，热爱生活。

（2）体验动手操作的手工乐趣。

（四）活动重点、难点

（1）重点：尝试撕纸、剪纸、折纸的手工活动。

(2) 难点：掌握撕纸、剪纸、折纸的技巧。

(五) 活动准备

(1) 知识经验准备：幼儿有撕纸、剪纸、折纸的经验。
(2) 物质资料准备：各种色彩纸、剪刀、挂图、胶棒、彩笔等。

(六) 活动过程

1. 开始部分

教师朗诵诗歌并提出问题：春天有哪些自然变化？都是什么颜色的？春天有哪些气味？这些颜色和气味都是谁给我们带来的？请小朋友们认真听一听《春天的秘密》，从中你会发现这些颜色和气味到底隐藏在什么地方？

(1) 幼儿交流发现。

教师：小朋友们，让我们来设计自己的春天吧！

(2) 让幼儿结合自己的发现，用多种方式表现春天的景物。

2. 基本部分

(1) 制作小燕子，教师指导，幼儿操作。

多个幼儿用绘画的方式画了活泼可爱的小燕子，并通过剪一剪、粘一粘制作出了头饰，戴在了头上，进入了表演区。

(2) 绘制出柳树爷爷。

幼儿选择了棕色的纸板，剪出树干，利用褶皱纸，手撕出了枝条，还有的用彩笔细致化地描画出嫩绿的小芽。

(3) 剪纸。

幼儿用不同颜色的彩纸，剪出可爱的小动物，如蜜蜂、蝴蝶、蜻蜓、青蛙等。

(4) 折纸系列。

幼儿灵巧的小手折出了风车，并涂上自己喜欢的颜色。

3. 结束部分

(1) 作品展示。

幼儿拿着自己的作品到展板前，根据需要在不同的活动区展示自己的作品。

(2) 以《春天在哪里》的第二段曲来结束活动。

教师：小朋友们，春天来了，快跟老师去外面的世界和我们的快乐小伙伴们春游吧！

教学建议

在教学中，如果遇到孩子没有见过的事物，但他却想剪出来，这时教师不要给孩子画出这个图形，而是要给他看这个事物的图像资料，让幼儿自己根据所看到的图像去画，这样不但能避免孩子的依赖心理，还能培养他主动探索的能力。

第五节　科学区域活动环境创设

一、植物角布置

幼儿园的植物角是一个不可缺少的环境创设部分，它是常识教育任务的一部分，是促进幼儿观察力发展、增长和丰富知识的途径之一。通过创设植物角，既可以美化环境，使活动室美观、充满生气，也可以使幼儿的生活更加生动有趣、丰富多彩。

同时，在教师的指导下，让幼儿参与种植活动，可使他们积极主动地仔细观察植物，从中发现平时不易引起注意的特征与变化，培养幼儿的观察力，从而激发起幼儿对自然的兴趣以及探索大自然奥秘的求知欲望，掌握的知识更丰富、更巩固，如图 7-40 所示。

图 7-40　植物角

二、植物角的特点

幼儿园中的植物角在活动室内所占面积小，所需材料相对简单、易备，可以收集身边的废旧瓶子来制作植物盆栽。效果直观、易懂，适合于各年龄段的幼儿，尤其对于活动面积比较窄小的教室更为适合。

设置植物角的方法如下。

（1）摆放植物种子标本。让幼儿认识了解它们的名称和用途。用于摆放种子的器皿可以是透明的玻璃小瓶，在上面贴上标签，摆放在墙角或窗台上，这样便于幼儿观察记录。

（2）种植植物。用废旧的铁罐头盒、酸奶盒、大可乐瓶、小碗、小盘等种植物。例如，可以将发芽的土豆、胡萝卜、白薯种在土里，让幼儿观察马铃薯的叶子。也可以种黄豆、蚕豆、花生等种子，教师每天提醒鼓励幼儿观察植物种子发芽生长的过程及变化。这种方法最好用在冬春两季，以美化室内环境，调节因季节而造成的单调色彩。摆放位置最好在阳光能照射到的地方，如窗台，便于幼儿观察，如图 7-41 所示。

(3) 植物种子粘贴，反映不同教育内容的画面。例如，贴出不同的几何图形或卡通图形，让幼儿既认识了植物种子，又认识了图形，还认识了颜色。还可用不同颜色的植物种子粘贴成一幅优美的画面，如用大米贴成白云、小红豆贴成太阳或红花、绿豆贴成小草或小树、黄豆贴成房子门窗、黑瓜子皮贴成大雁和海鸥等，让幼儿在掌握一些植物知识的同时，锻炼了动手能力和创造能力。

(4) 把一些植物稍加修饰拟人化，做成工艺品。例如，把黄瓜开花的一头划一道小口，再用红皱纹纸捻一个小捻儿，一头插进小口内，一头露在外面，一条吐着红信子的蛇就做成了。再如，选一个带把的小葫芦，把上系一条红绸子，贴上眼睛和嘴，一个葫芦娃就制成了。

图 7-41　植物角的植物

(5) 采集各种树叶、花、种子，学会简单的保存方法，如将树叶拼粘成动物或图案贴在植物标本册上，将树种盛放在透明小瓶内贴上标签陈列，也可以制树种画册。

三、种植区

种植区为幼儿熟悉农作物、爱惜粮食提供了一个很好的学习区域。幼儿教师应结合课程内容、幼儿年龄特点及幼儿园地理位置，因地制宜地利用农村资源，创设满足幼儿兴趣、发展、能力等宽松自由的共享区域。有条件的可以在幼儿园室外开辟出一块地来种植农作物，没条件的可以在室内将收集来的农作物布置成农家的样子，让幼儿体会农家乐带来的快乐。

(一) 合理改造、设计农家乐区域空间

在幼儿园现有的条件下，挖掘有限的空间，合理规划，构建共享区域，具体分为以下四类。

1. 变

对幼儿园的教室、走廊、楼梯的转角等有限的空间进行合理调整与改建。例如，楼梯转角的墙面贴上一幅农村的田园画，粘上仿真稻谷、麦穗、向日葵，天花板上拉上铁丝，挂上红灯笼，走廊、楼梯上下层的栏杆上可以挂上麻绳编的网，挂上葫芦、青藤、成串的辣椒、玉米、大蒜，楼梯角地面可以放置一个石磨、石臼、风车等，如图 7-42 和图 7-43 所示。

2. 挖

充分合理挖掘幼儿园走廊、楼梯底下、后院、操场等有限的空间，创设共享区域，使空间设置、布局摆放更为合理，富有教育性。例如，将小中班午睡室外的走廊创设成可同时

容纳30余名幼儿共同活动的“民间工艺品一条街”，有剪纸、皮影、油纸伞、泥人、脸谱、扇子等共享区域；在靠近操场的楼梯下创建“农家健身房”，健身器材则是玉米包衣撕碎做的毽子、玉米秆做的跨跳、玉米投掷、稻草编的跳绳、大小不一的稻草鞋等，为幼儿及家长提供了丰富的自制健身器材。

图7-42　楼梯的装饰

图7-43　楼梯转角装饰

3．添

在活动区域里，可添置各种活动材料和工具，如“农家小院——点心坊”、蒸笼、锅勺、饭蒸、饭桶等炊具，榨汁机、微波炉、电磁炉等厨房用具，这些材料摆放有序、资源共享，易于取放，操作方便。“小农场”将收集一些石子、沙土、树枝等搭建一个小型农场，可让幼儿亲自操作，了解农村的事物，如图7-44和图7-45所示。

图7-44　小农场（一）

图7-45　小农场（二）

4．伸

在幼儿园的内围墙边，用竹子搭成长长的竹子流水线，高低错落，一节一节相连，让水从高处往下流，幼儿可在此嬉水，观察水由高往低流的现象——“农家戏水池”。同时，充分利用竹子资源，将剩余的边角料制作成竹节小桶、竹片筛和小勺放在玩沙池内，作为幼儿玩沙工具，经济实惠的玩具造就了我们的又一共享区域——“农家玩沙池”。

（二）多种渠道收集活动材料

材料对区域活动的开展有着非常重要的作用，适当的材料能引发幼儿的兴趣，开发幼儿的智力，培养幼儿的能力和自主性，发展幼儿的积极情感。我们因地制宜，在挖掘共享区域的材料时，有意识地以“乡土”材料为主，通过师幼、家长群策群力共同收集。

1．师生互动、共同收集

材料准备过程中教师占主导地位，材料的收集也直接影响着幼儿的活动效果。选择成了重点，更是一个难点，对于城市中的幼儿园搜集农村生活中的物品并不容易。幼儿教师应在郊游等活动中，注意收集一些带有各种“农”味的农具，如石磨、石臼、风车、小刀板、石锅、木勺米筛、蒸笼、饭蒸、饭勺等，如图 7-46 所示。

图 7-46　厨房用具

2．师幼互动、种植的乐趣

在幼儿园的栅栏边可以开垦一块菜园，种植一些农家的南瓜、玉米、小麦、毛豆等农作物，既可以让幼儿观察植物的生长过程，也可以体会采摘的乐趣。通过全园“农家乐”体验活动，幼儿自行采收各种农作物。

3．家园互动、拓展途径

开展家庭式的体验活动，如“农家乐”“谷物间”只是课程的一部分，这也是收集材料的一个较好途径。家园互动，共同收集的活动区材料，有些还需要家长参与制作或提供，如“农趣健身坊”发动家长一起制作稻草绳，在“农家水果超市”家长利用各种材料（布、毛线等）制作各种水果造型等。

第六节　幼儿园区域活动案例分析与作品欣赏

一、科学区活动案例：大班综合活动《农家乐》

（一）设计意图

现在城市长大的孩子很少去农村，接触更多的是现代化的东西，农村生活正渐渐远离他们，连最基本的农作物都分不清，更别说农民常用的一些农作物工具，缺乏一些基本的常识。于是，发动家长利用回老家的机会每人各带两三件农用工具到幼儿园来布置成“快乐农家”。这样，一个幼儿感兴趣的活动就形成了。

（二）活动目标

（1）简单了解几种常见农家用具的基本特征及作用。
（2）让幼儿体验使用几种便于操作农家用具的乐趣。
（3）培养幼儿的合作精神。

（三）重、难点

（1）重点：通过游戏能够在活动中感到快乐。
（2）难点：鼓励幼儿运用多种材料装饰。

（四）活动准备

（1）知识经验准备：幼儿去过农村。
（2）物质资料准备。

① 把收集来的斗笠、蓑衣、小石臼、筛子、簸箕、竹帘、草帽等农具，布置成“快乐农家”。

② 黄豆、绿豆、大米、芝麻、稻谷若干，南瓜、茄子、玉米、葫芦放置在“农乐坊”。

（五）活动过程

1. 开始部分——参观“农乐坊”

（1）以观“农乐坊”引入活动，激发幼儿的兴趣。
（2）引导幼儿观察“农乐坊”内农具的种类和特征。
（3）请幼儿摸一摸、捶一捶、戴一戴农具。
（4）组织幼儿讨论：你见到了什么农具？说一说它的样子。你知道它是做什么用的？
（5）请几个幼儿说说参观“农乐坊”自己是怎样使用农具的。

2. 基本部分

（1）幼儿观看课件。

① 观看课件中农民伯伯使用几种常见农具的片段。

教师：农民伯伯用这些农用工具都做了什么？和你刚才的使用方法一样吗？

② 观看农用工具演变后的现代机器，让幼儿体验科技的进步。

观看后提问：刚才我们看到的农具有哪几种被现代机器取代了？被取代后有哪些好处？

（2）体验农家乐。

① 组织幼儿参观“农乐坊”的四个操作区（小石臼、小石磨、筛子、簸箕），每个操作区可让幼儿根据看到的课件说说它的使用方法。

② 幼儿分组进行农作物加工操作，如磨豆、揉玉米等。

③ 展示幼儿加工完的农作物，请幼儿互相讨论：你是怎样加工这些农作物的？

④ 结合节约行为教育，让幼儿懂得粮食来之不易，要珍惜每一粒粮食，不浪费。

⑤ 把加工好的农作物送到厨房让阿姨整理、煮熟。

3. 活动反思

本教学活动内容的选材，立足于幼儿生活中常见的、感兴趣的农用工具，让幼儿带着农用工具的兴趣和认识牵引幼儿参与活动，通过提供大量家长帮忙收集来的小石臼、石磨、筛子、镰刀、蓑衣等农用工具，让幼儿在直接实物观察及借助课件的基础上，知道农用工具给农民劳动带来了许多便利，提高了劳动效率等。扩展幼儿生活和学习的空间；教育活动内容的选择体现“既贴近幼儿的生活来选择幼儿感兴趣的事物和问题，又有助于拓展幼儿经验和视野”。

二、角色游戏主题设计

（一）主题：“美食街”

适合对象：5 ~ 6 岁幼儿。

（二）设计目的

（1）教师在设计与布置游戏区域时，利用各种材料，为幼儿营造一个模拟真实的美食街的主题环境。

（2）通过美食街各种美食店铺的微缩仿真环境设计，为幼儿提供一个比较温馨愉快的游戏场景，让幼儿轻松自然地进入角色。

（3）在游戏环节中，幼儿可以通过不同角色的扮演，体验社会人际关系，增进与人交流的能力。

（三）游戏制作步骤详解

（1）物质材料：美食车、炉灶、各种仿真食品、服装、帽子等。

（2）在设计活动环节中注意将食品制作的卖家与顾客区分，让幼儿明确自己的角色任务。

（3）为增加游戏的趣味性和真实性，可以让幼儿分别穿上不同服装，系上厨师的围裙。

(4) 为扮演顾客的幼儿发放儿童游戏币，增加幼儿的购买观念。

(5) 布置完成，游戏开始，如图 7-47 和图 7-48 所示。

图 7-47 美食街：小吃摊

图 7-48 美食街：制作点心

教学建议

1. 美术区

制作完成后的美术、手工作品，教师要予以展示，以此来增强孩子的自信心，提高孩子的欣赏水平，如图 7-49 和图 7-50 所示。

图 7-49 环境创设美工区作品展（一）

图 7-50 环境创设美工区作品展（二）

2. 植物角

可以结合植物知识、墙报、挂饰来装饰，如图 7-51 所示。

图 7-51　植物角

本章小结

首先，环境创设的内容要基于幼儿生活，充分考虑每个幼儿的发展需要，保证幼儿对环境的选择、支配自由。其次，环境创设应着眼于丰富幼儿的知识，增长能力，激发幼儿的好奇心和求知欲。同时，幼儿又是环境的主人，应该让他们按照自己的意愿和想法来设计创设班级的环境，这样的环境对幼儿来说也更具有意义。

本章从语言区、生活区、美工区、科学区等不同的学习领域介绍了相对应的内容。

讨论题

（1）什么是幼儿园环境？

（2）如果你所在的幼儿园已有图书区（角），请谈谈你们是如何创建的；如果没有，请制订一个设计方案，重点包括图书角的位置、环境的布置以及图书的选择、使用规则和指导方法。

实训课堂

（1）教师先给学生看一些幼儿园活动区的有关图片资料，然后分组讨论，以幼儿园活动区为例，写一个创意设计方案。

（2）根据所在地区的民俗特色，分组讨论美工区的材料如何收集、环境如何布置，设计一个具有民俗特色的环境设计方案，如设计一个年画、剪纸或泥塑的区角环境。

参 考 文 献

[1] 高月梅,张宏 . 幼儿心理学 [M]. 杭州 : 浙江教育出版社，1993.
[2] 张道一. 美术鉴赏 [M]. 北京 : 高等教育出版社，1998.
[3] 李福顺. 中国美术史 [M]. 辽宁 : 辽宁美术出版社，2000.
[4] 钟启泉 . 美术教育展望 [M]. 上海 : 华东师范大学出版社，2002.
[5] 尹少淳 . 美术课程标准解读 [M]. 北京 : 北京师范大学出版社，2003.
[6] 辜敏 . 杨春生 . 美术教学实施指南 [M]. 武汉 : 华中师范大学出版社，2003.
[7] 完美幼教 . 幼儿园美术创意 [M]. 北京 : 中国青年出版社，2007.
[8] 陈师曾. 中国绘画史 [M]. 北京 : 中国人民大学出版社，2007.
[9] 王维海,邵美玉. 中国民间双喜图案剪纸 [M]. 北京 : 人民美术出版社，2010.
[10] 曹宇. 古今剪纸与艺术创作 [M]. 北京 : 金盾出版社，2010.
[11] 钟海宏. 幼儿园手工——纸雕 [M]. 上海 : 华东师范大学出版社，2011.
[12] 莫源秋. 幼儿教师实用教育教学技能 [M]. 北京 : 中国轻工业出版社，2012.
[13] 陈志超. 幼儿园环境创设与利用 [M]. 武汉 : 华中师范大学出版社，2012.
[14] 肖玲玲 . 折纸中国结图解百科 [M]. 北京 : 中国华侨出版社，2013.
[15] 刘吉祥,彭程,何仙玉. 幼儿园环境创设 [M]. 长沙 : 湖南大学出版社，2013.
[16] 尚天翼. 佳翼少儿线描系列教程——我学大师 [M]. 南宁 : 广西美术出版社，2013.
[17] 要红霞 . 怎样学剪纸 [M]. 北京 : 金盾出版社，2014.
[18] 小野玛丽 . 我的第一本折纸书 [M]. 河南 : 河南科学技术出版社，2014.
[19] 陈竟 . 中国民俗剪纸技法 [M]. 南京 : 江苏美术出版社，2014.
[20] 陈师曾. 中国绘画史 [M]. 武汉 : 崇文书局（原湖北辞书出版社），2015.
[21] 刘晨 . 徐改. 中外美术鉴赏 [M].2 版. 北京 : 清华大学出版社，2016.
[22] [美] 玛丽 • 威勒宾克 . 素描初步 [M]（经典版）. 上海 : 上海人民美术出版社，2017.
[23] 王树良,张玉花. 中国美术史 [M]. 重庆 : 重庆大学出版社，2018.
[24] 中华文明史话. 剪纸史话 [M]. 北京 : 中国大百科全书出版社，2019.

推荐网站 :

[1] 纸艺网 http://www.zhidiy.com/
[2] 中国结艺网 http://www.zhongguojie.org/
[3] 手工客 http://www.shougongke.com/
[4] 肉丁网 http://www.rouding.com/
[5] 堆糖网 http://www.duitang.com/
[6] 中国幼儿教师网 http://www.yejs.com.cn
[7] 北京学前教育网 http://www.bjchild.com
[8] 幼儿园手工网 http://www.chinajiaoan.cn
[9] 中国少儿美术教育网 http://www.sems.cc
[10] 妈咪爱婴网 http://www.baby611.com
[11] 海博手工 http://www.haibore.com

附录A 幼儿艺术教育专业教学计划

幼儿艺术教育专业教学进程表

专业类别：艺术类　　学历层次：专科　　学习形式：业余　　修业年限：二年半

课程类别	课程序号	课程名称	学时	按学年学期安排课内周学时					
				第一学年		第二学年		第三学年	
				1	2	3	4	5	6
基础课程模块	1	教育学（学前教育学）	15	0.75					
	2	儿童心理学（儿童发展概论）	15	0.75					
	3	马列基础与邓小平理论	24	1.4					
	4	计算机应用基础	30	1.5					
	5	学前英语	51		3				
	6	职业指导	18						
专业基础课程模块	7	乐理	51	3					
	8	视唱练耳	51	3					
	9	钢琴	102		3	3			
	10	声乐	20		1.2				
	11	钢琴即兴伴奏	102			3	3		
	12	舞蹈	51			3			

续表

课程类别	课程序号	课程名称	学时	按学年学期安排课内周学时					
				第一学年		第二学年		第三学年	
				1	2	3	4	5	6
专业基础课程模块	13	素描	51	3					
	14	线描	51		3				
	15	色彩	20			1.2			
	16	中国画技法	30				1.5		
实操体验模块	17	儿童歌曲表演唱与教学模拟	35		2.1				
	18	儿童歌曲弹唱与教学模拟	55				3.2		
	19	儿童画与教学模拟	55			3.2			
	20	手工制作与环境设计实操	55				3.2		
	21	儿童舞创编	51				3		
	22	一日工作流程模拟	18				1		
	23	儿童语言与文学	36					2	
	24	幼儿急救常识	12		0.7				
	25	毕业教学展示							
	26	毕业实习							
	合计		999	13.4	13	13.4	14.9	2	

附录B 幼儿艺术教育专业实训大纲

幼儿艺术教育是一个综合性、实用性很强的专业。在幼儿教育活动中，教师的音乐、舞蹈、美术、手工、故事创编表述等基本技巧和能力，始终是决定教育活动开展成败与否的重要因素。幼儿艺术教育专业学生基本技能考核，是以一定的检查为手段，促进学生进一步掌握幼儿教师必备的各类基本技能，将所学的知识运用到今后的教学实践中。

一、考核项目

(1) 幼儿美工·折纸技能。
(2) 幼儿美工·彩泥技能。
(3) 幼儿绘画·简笔画技能。
(4) 幼儿歌曲视唱技能。
(5) 幼儿歌曲钢琴伴奏技能。
(6) 幼儿舞蹈创演技能。
(7) 幼儿故事演讲技能。

二、考核要求与方法

(一) 幼儿美工·折纸技能

1. 考核要求

该项目主要是考查学生熟练运用折叠工艺技法，用纸造型的能力。要求学生能用纸熟练折出动物、花卉、人物等指定的基本造型，做到折叠作品形象美观、工艺精致、技法准确。

2. 考核方法

折纸项目由学生抽签决定考核命题，在集体中独立完成指定造型。30 分钟内现场制作完成命题折纸作品 3 件。

(二) 幼儿美工·彩泥技能

1. 考核要求

该项目主要是考查学生熟练运用彩泥进行立体造型的能力。要求学生能用彩泥熟练捏出水果蔬菜、动物人物等指定的基本造型，做到彩泥作品形象生动美观、色彩搭配协调、工艺技法准确。

2．考核方法

彩泥项目的考核由学生抽签决定命题，在集体中独立完成指定造型。30分钟内现场制作完成命题彩泥作品3件。

（三）幼儿绘画·简笔画技能

1．考核要求

该项目考核学生熟练运用简笔画技法默画指定的物体形象，要求造型准确、线条流畅、构图均衡饱满、富有童趣。

2．考核方法

本项目考核为集体考核、独立完成项目。由学生于考核现场当场抽签决定试题，在30分钟内默画5幅指定的物体形象。学生应在考前准备好画具。

（四）幼儿歌曲视唱技能

1．考核要求

掌握幼儿歌曲的演唱方法，具备幼儿歌曲的视唱能力，演唱幼儿歌曲要求熟练、完整、富有表现力。

2．考核方法

幼儿歌曲视唱考核为单人面试，当场抽签决定试题，准备10分钟后进行独唱考核。考核时间6分钟左右。

（五）幼儿歌曲钢琴伴奏技能

1．考核要求

乐曲考核要求按考核曲目所要求的速度，熟练、流畅地背谱演奏（即兴伴奏除外），并能准确地表达作品的音乐风格和音乐内涵。即兴伴奏考核，要求能根据考核曲目的特点，配置正确的和声、音型，并能熟练、流畅地弹奏。

2．考核方法

琴法考核采取单独面试的方法。考试一首乐曲，考题由考生在考前10分钟抽签而定。

（六）幼儿舞蹈创演技能

1．考核要求

舞蹈动作到位，动作与动作衔接自然、舒展，符合该舞蹈组合的基本韵律和特点，动作合拍，节奏感强，表情符合舞蹈表达的思想，有一定的舞蹈感染力。

2．考核方法

考核采用单人面试，当场抽签决定试题，抽题后准备10分钟。每人考核时间为3～5分钟。音乐由系技能考核小组统一提供。

（七）幼儿故事演讲技能

1．考核要求

幼儿故事演讲考核要求使用准确、流畅的普通话脱稿讲述。语言口语化，能运用恰当的语气、语调、语速、节奏；掌握声音的高低强弱、快慢停顿；能运用语言、表情、动作等技巧表现人物的对话、性格和思想感情。体态语自然得体。

可以根据需要，适当地对故事进行改编、续编、扩编或者缩编，但任何改变必须得当，主题不得改变。

2．考核方法

考核方法为单人面试，主题由学生当场抽取，准备时间为 5 分钟。

三、考核标准与实施细则

1．考核标准

幼儿艺术教育专业学生各专业技能考核项目的分值均为 10 分，各单项考核凡获 6 分以下，为不合格；6 ～ 8 分为合格；8 ～ 9 分为良好；9 ～ 10 分为优秀。

2．实施细则

幼儿艺术教育专业学生应加强基本功和专业技能的训练，参加全部专业技能的考核。通过七项专业技能考核并获合格以上者，颁发“专业技能合格证书”，准予毕业。单项专业技能考核优秀者，颁发“单项专业技能优秀证书”。专业技能考核不合格者，必须在毕业前进行补考，通过补考获得合格者，方可毕业；经补考仍未通过者，不予毕业。

3．考核时间安排

幼儿艺术教育专业每学期均组织开展学生专业技能考核工作。

春季学期的考核项目有：①幼儿绘画·简笔画技能；②幼儿美工·彩泥技能；③幼儿故事演讲技能以及各项目的补考。

秋季学期的考核项目有：①幼儿美工·折纸技能；②幼儿歌曲视唱技能；③幼儿歌曲钢琴伴奏技能；④幼儿舞蹈创编技能。